中华人民共和国 突发事件应对法

新旧对照与重点解读

法律出版社法规中心　编著

北京

图书在版编目（CIP）数据

中华人民共和国突发事件应对法新旧对照与重点解读 / 法律出版社法规中心编著. -- 北京：法律出版社，2024. -- ISBN 978-7-5197-9288-6

Ⅰ. D922.145

中国国家版本馆 CIP 数据核字第 2024MS4445 号

中华人民共和国突发事件应对法 新旧对照与重点解读 ZHONGHUA RENMIN GONGHEGUO TUFA SHIJIAN YINGDUIFA XINJIU DUIZHAO YU ZHONGDIAN JIEDU	法律出版社 法规中心 编著	责任编辑 陈昱希 陈 熙 装帧设计 李 瞻

出版发行	法律出版社	开本	A5	
编辑统筹	法规出版分社	印张	3.75	字数 122 千
责任校对	赵雪慧	版本	2024 年 7 月第 1 版	
责任印制	耿润瑜	印次	2024 年 7 月第 1 次印刷	
经　销	新华书店	印刷	三河市兴达印务有限公司	

地址：北京市丰台区莲花池西里 7 号（100073）
网址：www.lawpress.com.cn　　　　　　销售电话：010-83938349
投稿邮箱：info@lawpress.com.cn　　　　客服电话：010-83938350
举报盗版邮箱：jbwq@lawpress.com.cn　　咨询电话：010-63939796
版权所有·侵权必究

书号：ISBN 978-7-5197-9288-6　　　　　定价：16.00 元
凡购买本社图书，如有印装错误，我社负责退换。电话:010-83938349

编辑出版说明

2024年6月28日，第十四届全国人民代表大会常务委员会第十次会议通过了最新修订的《中华人民共和国突发事件应对法》。此次修订是我国现行《突发事件应对法》自2007年公布施行以来的首次修改。《突发事件应对法》对于预防和减少突发事件的发生，控制、减轻和消除突发事件引起的严重社会危害，规范突发事件应对管理活动，保护人民生命财产安全，维护国家安全、公共安全、生态环境安全和社会秩序发挥了重要作用。为满足社会各界对《突发事件应对法》学习、了解、查阅的需要，我们结合多年的出版经验，推出了《中华人民共和国突发事件应对法新旧对照与重点解读》。本书突出对照与解读，重点包括以下内容：

一、收录2024年最新《突发事件应对法》的修订文本，同时针对2007年《突发事件应对法》的相关条文整理为新旧对照表，通过"**黑体**"的形式表示法条的新增内容，通过"删除线"的形式表示原有法条的删除内容，使读者清晰了解条文的变化。

二、目录部分对具体条文加以条旨，意在用精练的文字概括该条文的含义，便于读者理解、查阅和准确定位。

三、为便于理解最新修订的《突发事件应对法》，本书在对照表右侧增加"重点解读"一栏，对相关条文进行简明阐释，使读者能快速学习理解《突发事件应对法》的要点，并辅之以"关联法规"，供读者

1

参考。

四、本书将与《突发事件应对法》有关的重要法规文件附录于后，便于读者学习使用。需要说明的是，附录相关法规文件中涉及的《突发事件应对法》条文均为 2024 年修订前条文，也请读者参考书中新旧条文对照使用。

由于编者水平所限，书中难免有不当之处，还望读者在使用过程中不吝赐教，提出您的宝贵意见，以便本书继续修订完善。

法律出版社法规中心

2024 年 7 月

目 录

中华人民共和国突发事件应对法新旧对照与重点解读 …………… 1
  第一章　总则 ……………………………………………………… 1
    第一条　【立法目的】 …………………………………………… 1
    第二条　【突发事件分类、调整范围及法律适用】 …………… 2
    第三条　【突发事件分级】 ……………………………………… 3
    第四条　【突发事件治理体系】 ………………………………… 3
    第五条　【工作原则】 …………………………………………… 4
    第六条　【社会动员机制】 ……………………………………… 4
    第七条　【信息发布制度】 ……………………………………… 5
    第八条　【新闻采访报道制度】 ………………………………… 6
    第九条　【投诉举报制度】 ……………………………………… 7
    第十条　【应对措施合理性原则】 ……………………………… 7
    第十一条　【特殊群体优先保护】 ……………………………… 8
    第十二条　【财产征用与补偿】 ………………………………… 8
    第十三条　【时效中止、程序中止】 …………………………… 9
    第十四条　【国际交流与合作】 ………………………………… 9
    第十五条　【表彰激励】 ………………………………………… 10
  第二章　管理与指挥体制 ………………………………………… 10
    第十六条　【管理体制和工作体系】 …………………………… 10
    第十七条　【突发事件应对分工】 ……………………………… 10
    第十八条　【突发事件区域管辖】 ……………………………… 11

1

第十九条	【领导机关与应急指挥机构】	12
第二十条	【应急指挥机构依法发布决定、命令、措施】	13
第二十一条	【应对管理职责分工】	14
第二十二条	【基层人民政府及基层群众性自治组织的职责】	15
第二十三条	【公众参与】	15
第二十四条	【武装力量参加突发事件应急救援和处置】	15
第二十五条	【本级人大监督】	16

第三章 预防与应急准备 ………………………………… 17

第二十六条	【突发事件应急预案体系】	17
第二十七条	【应急管理部门指导应急预案建设】	17
第二十八条	【应急预案的基本内容与要求】	18
第二十九条	【突发事件应急体系建设规划】	19
第三十条	【国土空间规划符合预防、处置突发事件的需要】	19
第三十一条	【应急避难场所的建设和管理】	20
第三十二条	【突发事件风险评估】	20
第三十三条	【危险源、危险区域的治理职责】	21
第三十四条	【及时调解处理矛盾纠纷】	21
第三十五条	【单位安全管理制度】	22
第三十六条	【高危行业单位预防突发事件的义务】	22
第三十七条	【人员密集场所的经营单位或者管理单位的预防义务】	23
第三十八条	【培训制度】	24
第三十九条	【应急救援队伍建设】	24
第四十条	【应急救援人员人身保险与职业资格】	25
第四十一条	【军队和民兵组织开展专门训练】	26
第四十二条	【应急知识宣传普及活动和应急演练】	27

目 录

第四十三条　【学校开展应急知识教育】…………………… 27

第四十四条　【经费保障】…………………………………… 28

第四十五条　【国家应急物资储备保障】…………………… 28

第四十六条　【地方应急物资储备保障】…………………… 29

第四十七条　【应急运输保障】……………………………… 30

第四十八条　【能源应急保障体系】………………………… 31

第四十九条　【应急通信保障】……………………………… 32

第五十条　　【突发事件卫生应急体系】…………………… 32

第五十一条　【急救医疗服务网络】………………………… 33

第五十二条　【社会力量支持】……………………………… 33

第五十三条　【红十字会与慈善组织的职责】……………… 34

第五十四条　【应急救援资金、物资的管理】……………… 35

第五十五条　【国家发展保险事业】………………………… 36

第五十六条　【科技赋能和人才培养】……………………… 36

第五十七条　【专家咨询论证制度】………………………… 37

第四章　监测与预警 ……………………………………………… 37

第五十八条　【突发事件监测制度】………………………… 37

第五十九条　【统一的突发事件信息系统】………………… 38

第六十条　　【信息收集制度】……………………………… 39

第六十一条　【信息报送制度】……………………………… 40

第六十二条　【汇总分析突发事件隐患和预警信息】……… 40

第六十三条　【突发事件预警制度】………………………… 41

第六十四条　【警报信息发布、报告和通报】……………… 42

第六十五条　【预警信息发布要求】………………………… 42

第六十六条　【三级、四级预警的应对措施】……………… 43

第六十七条　【一级、二级预警的应对措施】……………… 44

第六十八条　【重要商品和服务市场情况监测】…………… 46

3

第六十九条 【社会安全事件报告制度】……………………… 46

第七十条 【预警调整和解除】……………………………… 47

第五章 应急处置与救援…………………………………………… 47

第七十一条 【分级应急响应制度】………………………… 47

第七十二条 【采取应急处置措施的要求】………………… 47

第七十三条 【自然灾害、事故灾难或者公共卫生事件的

应急处置措施】………………………………… 48

第七十四条 【社会安全事件的应急处置措施】…………… 50

第七十五条 【突发事件严重影响国民经济正常运行的

应急处置措施】………………………………… 52

第七十六条 【突发事件应急协作机制】…………………… 53

第七十七条 【基层群众性自治组织应急救援职责】……… 54

第七十八条 【突发事件发生地有关单位的应急救援职责】…… 55

第七十九条 【突发事件发生地个人的义务】……………… 56

第八十条 【加强城乡社区应急机制和信息功能】………… 57

第八十一条 【心理健康服务工作】………………………… 58

第八十二条 【科学处置遗体及妥善管理遗物】…………… 59

第八十三条 【信息的提供以及保密】……………………… 59

第八十四条 【合法收集和保护个人信息】………………… 60

第八十五条 【个人信息合理使用和处理】………………… 61

第六章 事后恢复与重建…………………………………………… 62

第八十六条 【应急处置措施的停止】……………………… 62

第八十七条 【损失评估和组织恢复重建】………………… 63

第八十八条 【支援恢复重建】……………………………… 64

第八十九条 【善后工作】…………………………………… 65

第九十条 【公民参加应急工作的权益保障】……………… 66

第九十一条 【受伤残牺牲人员的待遇保障与医疗救治工作】…… 67

第九十二条　【查明原因并总结经验教训】⋯⋯⋯⋯⋯⋯⋯ 68

第九十三条　【审计监督】⋯⋯⋯⋯⋯⋯⋯⋯⋯⋯⋯⋯⋯ 69

第九十四条　【档案管理】⋯⋯⋯⋯⋯⋯⋯⋯⋯⋯⋯⋯⋯ 69

第七章　法律责任 ⋯⋯⋯⋯⋯⋯⋯⋯⋯⋯⋯⋯⋯⋯⋯⋯⋯⋯⋯ 70

第九十五条　【政府及有关部门不正确履行法定职责的
　　　　　　法律责任】⋯⋯⋯⋯⋯⋯⋯⋯⋯⋯⋯⋯⋯ 70

第九十六条　【有关单位不履行法定义务的法律责任】⋯ 72

第九十七条　【编造、传播虚假信息的法律责任】⋯⋯⋯ 73

第九十八条　【违反决定、命令的处理】⋯⋯⋯⋯⋯⋯⋯ 74

第九十九条　【违反个人信息保护规定的责任】⋯⋯⋯⋯ 75

第一百条　【民事责任】⋯⋯⋯⋯⋯⋯⋯⋯⋯⋯⋯⋯⋯⋯ 75

第一百零一条　【紧急避险】⋯⋯⋯⋯⋯⋯⋯⋯⋯⋯⋯⋯ 76

第一百零二条　【行政与刑事责任】⋯⋯⋯⋯⋯⋯⋯⋯⋯ 77

第八章　附则 ⋯⋯⋯⋯⋯⋯⋯⋯⋯⋯⋯⋯⋯⋯⋯⋯⋯⋯⋯⋯⋯ 78

第一百零三条　【紧急状态】⋯⋯⋯⋯⋯⋯⋯⋯⋯⋯⋯⋯ 78

第一百零四条　【保护管辖】⋯⋯⋯⋯⋯⋯⋯⋯⋯⋯⋯⋯ 80

第一百零五条　【外国人、无国籍人的属地管辖】⋯⋯⋯ 80

第一百零六条　【施行时间】⋯⋯⋯⋯⋯⋯⋯⋯⋯⋯⋯⋯ 81

附录　相关法规

突发事件应急预案管理办法 ⋯⋯⋯⋯⋯⋯⋯⋯⋯⋯⋯⋯⋯⋯ 82

国家突发公共事件总体应急预案 ⋯⋯⋯⋯⋯⋯⋯⋯⋯⋯⋯⋯ 92

突发公共卫生事件应急条例 ⋯⋯⋯⋯⋯⋯⋯⋯⋯⋯⋯⋯⋯ 101

中华人民共和国突发事件应对法
新旧对照和重点解读

2007年《中华人民共和国突发事件应对法》	2024年《中华人民共和国突发事件应对法》	重点解读
目　录 第一章　总　则 第二章　预防与应急准备 第三章　监测与预警 第四章　应急处置与救援 第五章　事后恢复与重建 第六章　法律责任 第七章　附　则	目　录 第一章　总　则 第二章　**管理与指挥体制** 第三章　预防与应急准备 第四章　监测与预警 第五章　应急处置与救援 第六章　事后恢复与重建 第七章　法律责任 第八章　附　则	本次修订对《突发事件应对法》的体例结构及条文顺序进行了调整,新增"管理与指挥体制"一章。
第一章　总　则	第一章　总　则	
第一条　为了预防和减少突发事件的发生,控制、减轻和消除突发事件引起的严重社会危害,规范突发事件应对活动,保护人民生命财产安全,维护国家安全、公共安全、环境安全和社会秩序,制定本法。	**第一条**　为了预防和减少突发事件的发生,控制、减轻和消除突发事件引起的严重社会危害,**提高突发事件预防和应对能力**,规范突发事件应对活动,保护人民生命财产安全,维护国家安全、公共安全、**生态**环境安全和社会秩序,**根据宪法**,制定本法。	本条是关于立法目的的规定。 本次修订增加了"提高突发事件预防和应对能力"的规定,同时强调"根据宪法",体现了本次法律修订遵循了《宪法》的精神。 **关联法规** 《宪法》;《国家安全法》第1条;《环境保护法》第1条;《消防法》第1条;《行政处罚法》第1条;《突发公共卫生事件应急条例》第1条

续表

2007年《中华人民共和国突发事件应对法》	2024年《中华人民共和国突发事件应对法》	重点解读
第三条第一款 本法所称突发事件，是指突然发生，造成或者可能造成严重社会危害，需要采取应急处置措施予以应对的自然灾害、事故灾难、公共卫生事件和社会安全事件。 **第二条** 突发事件的预防与应急准备、监测与预警、应急处置与救援、事后恢复与重建等应对活动，适用本法。	**第二条** 本法所称突发事件，是指突然发生，造成或者可能造成严重社会危害，需要采取应急处置措施予以应对的自然灾害、事故灾难、公共卫生事件和社会安全事件。 突发事件的预防与应急准备、监测与预警、应急处置与救援、事后恢复与重建等应对活动，适用本法。 《中华人民共和国传染病防治法》等有关法律对突发公共卫生事件应对作出规定的，适用其规定。有关法律没有规定的，适用本法。	本条是关于突发事件含义及分类、本法调整范围及法律适用的规定，本条第3款是新增的内容。 第1款明确了突发事件的含义及分类，突发事件应对管理，是政府和社会针对已经发生或者有可能发生的突发事件而采取的各种预防、处置及管理措施的活动总称。本条采取了"概括+列举"相结合的表述方式对"突发事件"进行定义。 第2款明确了本法的调整范围，本法把应对突发事件的事前、事中、事后的全过程活动纳入调整范围之内，体现了对突发事件演变规律和应对过程的基本认识。 第3款明晰了本法与《传染病防治法》等有关法律的衔接关系。本法在突发事件应对管理领域处于基础地位，与《传染病防治法》属于一般法与特别法的关系。 **关联法规** 《传染病防治法》第1条；《基本医疗卫生与健康促进法》第20条；《突发公共卫生事件应急条例》第2条

续表

2007年《中华人民共和国突发事件应对法》	2024年《中华人民共和国突发事件应对法》	重点解读
第三条第二、三款 按照社会危害程度、影响范围等因素，自然灾害、事故灾难、公共卫生事件分为特别重大、重大、较大和一般四级。法律、行政法规或者国务院另有规定的，从其规定。 突发事件的分级标准由国务院或者国务院确定的部门制定。	**第三条** 按照社会危害程度、影响范围等因素，**突发**自然灾害、事故灾难、公共卫生事件分为特别重大、重大、较大和一般四级。法律、行政法规或者国务院另有规定的，从其规定。 突发事件的分级标准由国务院或者国务院确定的部门制定。	本条是关于突发事件分级的规定。 本条规定一方面是为了便于实行"分级负责""分级响应"措施的落实；另一方面是为了尊重特殊行业管理的特殊性、专业性、灵活性的工作要求。对突发事件进行分级，有利于有关部门在突发事件即将发生或发生后采取与危害程度相适应的合理、有效的应对措施，积极稳妥地进行处理。 **关联法规** 《生产安全事故报告和调查处理条例》第3条；《突发公共卫生事件应急条例》第2条；《国家突发公共事件总体应急预案》
	第四条 突发事件应对工作坚持中国共产党的领导，坚持以马克思列宁主义、毛泽东思想、邓小平理论、"三个代表"重要思想、科学发展观、习近平新时代中国特色社会主义思想为指导，建立健全集中统一、高效权威的中国特色突发事件应对工作领	本条是关于突发事件应对管理治理体系的规定，是新增条文。 本条坚持以习近平新时代中国特色社会主义思想为指导，贯彻落实党中央关于突发事件应对管理工作的决策部署，把坚持中国共产党对突发事件应对管理工作的领导以及深化党和国家机构

续表

2007年《中华人民共和国突发事件应对法》	2024年《中华人民共和国突发事件应对法》	重点解读
	导体制，完善党委领导、政府负责、部门联动、军地联合、社会协同、公众参与、科技支撑、法治保障的治理体系。	改革的最新成果等，通过法律条文予以明确，并明确突发事件应对工作的治理体系。 **关联法规** 《生产安全事故报告和调查处理条例》第3条；《突发公共卫生事件应急条例》第2条；《国家突发公共事件总体应急预案》
第五条 突发事件应对工作实行预防为主、预防与应急相结合的原则。国家建立重大突发事件风险评估体系，对可能发生的突发事件进行综合性评估，减少重大突发事件的发生，最大限度地减轻重大突发事件的影响。	第五条 突发事件应对工作应当坚持总体国家安全观，统筹发展与安全；坚持人民至上、生命至上；坚持依法科学应对，尊重和保障人权；坚持预防为主、预防与应急相结合。	本条是关于突发事件应对工作原则的规定。 本次修订增加了关于坚持总体国家安全观的内容，具体到突发事件应对管理领域，应坚决贯彻落实总体国家安全观，全力防范化解各类突发事件，为全面建设社会主义现代化提供安全稳定环境。 **关联法规** 《国防法》第4条；《安全生产法》第3条；《突发环境事件应急管理办法》第3条
第六条 国家建立有效的社会动员机制，增强全民的公共安全和防范风险的意识，提高全社会的避险救助能力。	第六条 国家建立有效的社会动员机制，组织动员企业事业单位、社会组织、志愿者等各方力量依法有序参与突发事件应	本条是关于社会动员机制的规定。 本条的社会动员机制具有两层含义：一是增强全民的公共安全和防范风险意识

续表

2007年《中华人民共和国突发事件应对法》	2024年《中华人民共和国突发事件应对法》	重点解读
	对工作，增强全民的公共安全和防范风险的意识，提高全社会的避险救助能力。	的机制建设。组织动员有利于提高人们的公共安全和防范风险意识，可以有效防范突发事件的发生，还可以降低应急管理成本、减少损失、促进政社互动。二是社会成员参与机制，即企业事业单位、社会组织、志愿者等各方力量参与突发事件应对工作，包括信息报告、应急准备、开展自救与互救、协助维护秩序、服从指挥和安排、积极参与应急救援工作等，进而有效提高全社会的避险救助能力。 **关联法规** 《防洪法》第7条；《黄河保护法》第71条；《生成式人工智能服务管理暂行办法》第17条
第十条 有关人民政府及其部门作出的应对突发事件的决定、命令，应当及时公布。 **第五十三条** 履行统一领导职责或者组织处置突发事件的人民政府，应当按照有关规定统一、准确、及时发布有关突发事	**第七条** 国家建立健全突发事件信息发布制度。有关人民政府和部门应当及时向社会公布突发事件相**关信息和有关**突发事件应对的决定、命令、**措施**等信息。 任何单位和个人不得编造、**故意**传播有关突发	本条是关于突发事件信息发布制度的规定。 突发事件信息发布的内容包括以下要素：时间、地点、信息来源、事件起因和性质、基本过程、已造成的后果、影响范围、事件发展趋势、处置情况、拟采取的措施以及下一步工作计划

续表

2007年《中华人民共和国突发事件应对法》	2024年《中华人民共和国突发事件应对法》	重点解读
件事态发展和应急处置工作的信息。	事件的虚假信息。有关人民政府和部门发现影响或者可能影响社会稳定、扰乱社会和经济管理秩序的虚假或者不完整信息的，应当及时发布准确的信息予以澄清。	等，其中重点包含有关突发事件应对管理的决定、命令、措施等信息。 **关联法规** 《政府信息公开条例》第1、6条；《黄河保护法》第71条；《突发公共卫生事件应急条例》第11条
第五十四条 任何单位和个人不得编造、传播有关突发事件事态发展或者应急处置工作的虚假信息。		
第二十九条第三款 新闻媒体应当无偿开展突发事件预防与应急、自救与互救知识的公益宣传。	第八条 国家建立健全突发事件新闻采访报道制度。有关人民政府和部门应当做好新闻媒体服务引导工作，**支持新闻媒体开展采访报道和舆论监督**。 **新闻媒体采访报道突发事件应当及时、准确、客观、公正**。 新闻媒体应当开展突发事件应对**法律法规**、预防与应急、自救与互救知识**等**的公益宣传。	本条是关于突发事件新闻采访报道制度的规定。 本条旨在建立健全突发事件信息发布和新闻采访报道制度，要求有关人民政府和部门及时回应社会关切。 突发事件的新闻报道坚持条块管理、各负其责、客观准确、公开透明等原则，有关人民政府和部门做好引导工作，对违反突发事件应对管理法律、法规等行为进行舆论监督。 **关联法规** 《广告法》第14条；《爱国主义教育法》第31条；《民法典》第999条；《新闻记者证管理办法》第5条

续表

2007年《中华人民共和国突发事件应对法》	2024年《中华人民共和国突发事件应对法》	重点解读
	第九条 国家建立突发事件应对工作投诉、举报制度，公布统一的投诉、举报方式。 对于不履行或者不正确履行突发事件应对工作职责的行为，任何单位和个人有权向有关人民政府和部门投诉、举报。 接到投诉、举报的人民政府和部门应当依照规定立即组织调查处理，并将调查处理结果以适当方式告知投诉人、举报人；投诉、举报事项不属于其职责的，应当及时移送有关机关处理。 有关人民政府和部门对投诉人、举报人的相关信息应当予以保密，保护投诉人、举报人的合法权益。	本条是关于突发事件应对管理工作投诉举报制度的规定，是新增条文。 本条旨在建立突发事件应对管理工作投诉、举报制度，鼓励人民群众监督政府及部门等不履职行为。 **关联法规** 《宪法》第41条；《安全生产法》第54条；《市场监督管理投诉举报处理暂行办法》
第十一条第一款 有关人民政府及其部门采取的应对突发事件的措施，应当与突发事件可能造成的社会危害的性质、程度和范围相适应；有多种措施可供选择的，应当选择	**第十条** 突发事件应对措施应当与突发事件可能造成的社会危害的性质、程度和范围相适应；有多种措施可供选择的，应当选择有利于最大程度地保护公民、法人和其他	本条是关于在采取有关应急管理措施过程中，要遵循"行政合理性原则"的规定。 本条规定的要旨是应急行政权力行使应当坚持行政合理性原则。行政合理性原

续表

2007年《中华人民共和国突发事件应对法》	2024年《中华人民共和国突发事件应对法》	重点解读
有利于最大程度地保护公民、法人和其他组织权益的措施。	组织权益，且对他人权益损害和生态环境影响较小的措施，并根据情况变化及时调整，做到科学、精准、有效。	则的本质是行政机关采取的措施不得超越宪法和法律容许的范围或目的，具体指行政行为在形式合法前提下应尽可能合理、适当和公正。 **关联法规** 《国家安全法》第66条；《行政处罚法》第5条第2款；《中国民用航空应急管理规定》第4条
	第十一条 国家在突发事件应对工作中，应当对未成年人、老年人、残疾人、孕产期和哺乳期的妇女、需要及时就医的伤病人员等群体给予特殊、优先保护。	本条是关于特殊群体优先保护的规定，是新增条问。 本法对各项权益保障的重要程度与先后次序做出衡量，为突发事件应对管理提供更好的协调利益机制，确保特殊群体基本生活的维持和及时得到优先保护。 **关联法规** 《民法典》第128条；《未成年人保护法》第56条第3款；《老年人权益保障法》第3条
第十二条 有关人民政府及其部门为应对突发事件，可以征用单位和个人的财产。被征用的财产在使用完毕或者突发事件	第十二条 县级以上人民政府及其部门为应对突发事件的**紧急需要**，可以征用单位和个人的设备、设施、场地、交通工	本条是关于应对突发事件征用财产与征用补偿的规定。 根据本条规定，应对突发事件的"县级以上人民政

续表

2007年《中华人民共和国突发事件应对法》	2024年《中华人民共和国突发事件应对法》	重点解读
应急处置工作结束后，应当及时返还。财产被征用或者征用后毁损、灭失的，应当给予补偿。	**具等**财产。被征用的财产在使用完毕或者突发事件应急处置工作结束后，应当及时返还。财产被征用或者征用后毁损、灭失的，应当给予**公平、合理的**补偿。	府及其部门"是应急征用权限的法定主体，征用对象重点包括单位和个人的设备、设施、场地、交通工具等。为应对突发事件，县级以上人民政府及其部门是"可以"而非"应当"实施征用，要求作出应急征用决定应满足一定的合理性。 **关联法规** 《宪法》第13条；《传染病防治法》第45条；《民法典》第117条；《国防法》第51条；《刑法》第381条
第十三条 因采取突发事件应对措施，诉讼、行政复议、仲裁活动不能正常进行的，适用有关时效中止和程序中止的规定，但法律另有规定的除外。	第十三条 因**依法**采取突发事件应对措施，**致使**诉讼、**监察调查**、行政复议、仲裁、**国家赔偿等**活动不能正常进行的，适用有关时效中止和程序中止的规定，法律另有规定的除外。	本条是关于诉讼时效中止和程序中止的规定。 **关联法规** 《民法典》第188条；《行政复议法》第31条；《行政诉讼法》第46条；《国家赔偿法》第39条
第十五条 中华人民共和国政府在突发事件的预防、监测与预警、应急处置与救援、事后恢复与重建等方面，同外国政府和有关国际组织开展合作与交流。	第十四条 中华人民共和国政府在突发事件的预防**与应急准备**、监测与预警、应急处置与救援、事后恢复与重建等方面，同外国政府和有关国际组织开展合作与交流。	本条是关于国际交流与合作的规定。 **关联法规** 《对外关系法》第6条；《标准化法》第8条

续表

2007年《中华人民共和国突发事件应对法》	2024年《中华人民共和国突发事件应对法》	重点解读
	第十五条 对在突发事件应对工作中做出突出贡献的单位和个人，按照国家有关规定给予表彰、奖励。	本条是关于表彰激励的规定。 为了充分调动社会各方力量参与突发事件应对工作的积极性，进一步形成合力，本次修订将完善表彰、奖励制度单独规定，放在总则部分。 **关联法规** 《公务员法》第52条；《行政复议法》第9条
第二章　预防与应急准备	第二章　管理与指挥体制	
第四条 国家建立统一领导、综合协调、分类管理、分级负责、属地管理为主的应急管理体制。	**第十六条** 国家建立统一**指挥、专常兼备、反应灵敏、上下联动**的应急**管理体制和**综合协调、分类管理、分级负责、属地管理为主的**工作体系**。	本条是关于突发事件应急管理体制和工作体系的规定。 **关联法规** 《安全生产法》第85条；《防洪法》第38条；《"十四五"国家应急体系规划》
第七条 县级人民政府对本行政区域内突发事件的应对工作负责；涉及两个以上行政区域的，由有关行政区域共同的上一级人民政府负责，或者由各有关行政区域的上一级人民政府共同负责。 　　突发事件发生后，发	**第十七条** 县级人民政府对本行政区域内突发事件的应对**管理**工作负责。突发事件发生后，发生地县级人民政府应当立即采取措施控制事态发展，组织开展应急救援和处置工作，并立即向上一级人民政府报告，必要时	本条是关于突发事件应对分工的规定。 本条第1新增规定"具备条件的，应当进行网络直报或者自动速报"，有助于提高报告效率，打通信息报告上行渠道。 本条第2款重点明确，突发事件发生地县级人民政

续表

2007年《中华人民共和国突发事件应对法》	2024年《中华人民共和国突发事件应对法》	重点解读
生地县级人民政府应当立即采取措施控制事态发展，组织开展应急救援和处置工作，并立即向上一级人民政府报告，必要时可以越级上报。 突发事件发生地县级人民政府不能消除或者不能有效控制突发事件引起的严重社会危害的，应当及时向上级人民政府报告。上级人民政府应当及时采取措施，统一领导应急处置工作。 法律、行政法规规定由国务院有关部门对突发事件的应对工作负责的，从其规定；地方人民政府应当积极配合并提供必要的支持。	可以越级上报，**具备条件的，应当进行网络直报或者自动速报。** 突发事件发生地县级人民政府不能消除或者不能有效控制突发事件引起的严重社会危害的，应当及时向上级人民政府报告。上级人民政府应当及时采取措施，统一领导应急处置工作。 法律、行政法规规定由国务院有关部门对突发事件应对**管理**工作负责的，从其规定；地方人民政府应当积极配合并提供必要的支持。	府不能消除或者不能有效控制突发事件引起的严重社会危害时如何处理的问题。 本条第3款所称的法律、行政法规规定由国务院有关部门负责应对的突发事件，是指在民航、铁路、海事、核利用行业或领域发生的突发事件，具体包括民航事故、铁路行车事故、水上交通事故、核事故等。 **关联法规** 《民用航空法》第3条；《海上交通安全法》第3条；《铁路法》第3条
	第十八条 突发事件涉及两个以上行政区域的，其应对管理工作由有关行政区域共同的上一级人民政府负责，或者由各有关行政区域的上一级人民政府共同负责。共同负责的人民政府应当按照国家有关规定，建立信息共	本条是关于突发事件区域管辖的规定，是新增条文。 本条着重强调涉及两个以上行政区域的，由有关行政区域共同的上一级人民政府负责，或者由各有关行政区域的上一级人民政府共同负责。较大和一般突发事

续表

2007年《中华人民共和国突发事件应对法》	2024年《中华人民共和国突发事件应对法》	重点解读
	享和协调配合机制。根据共同应对突发事件的需要，地方人民政府之间可以建立协同应对机制。	件，分别由发生地设区的市级人民政府和县级人民政府统一领导和协调应急处置工作。重大和特别重大自然灾害、公共卫生事件、事故灾难的应急处置工作由发生地省级人民政府统一领导和协调，其中影响全国或者跨省级行政区域的特别重大自然灾害、公共卫生事件、事故灾难的应急处置工作由国务院统一领导和协调。社会安全事件由发生地县级人民政府组织处置，必要时上级人民政府可以直接组织处置。 此外，本条规定共同负责的人民政府应当建立信息共享和协调配合机制。
第九条 国务院和县级以上地方各级人民政府是突发事件应对工作的行政领导机关；其办事机构及具体职责由国务院规定。 **第八条第一、二款** 国务院在总理领导下研究、决定和部署特别重大突发事件的应对工作；根据实际需要，设立国家突发事件应急指挥机构，负	**第十九条** 县级以上人民政府是突发事件应对管理工作的行政领导机关。 国务院在总理领导下研究、决定和部署特别重大突发事件的应对工作；根据实际需要，设立国家突发事件应急指挥机构，负责突发事件应对工作；必要时，国务院可以派出工作组指导有关工作。	本条是关于突发事件应对管理工作行政领导机关和应急指挥机构的规定。 具体而言，国务院是突发事件应急管理工作的最高行政领导机关。地方各级人民政府是本行政区域突发公共事件应对管理工作的行政领导机关，负责本行政区域各类突发公共事件的应对工作。国务院和县级以上人民

续表

2007年《中华人民共和国突发事件应对法》	2024年《中华人民共和国突发事件应对法》	重点解读
责突发事件应对工作；必要时，国务院可以派出工作组指导有关工作。 县级以上地方各级人民政府设立由本级人民政府主要负责人、相关部门负责人、驻当地中国人民解放军和中国人民武装警察部队有关负责人组成的突发事件应急指挥机构，统一领导、协调本级人民政府各有关部门和下级人民政府开展突发事件应对工作；根据实际需要，设立相关类别突发事件应急指挥机构，组织、协调、指挥突发事件应对工作。	县级以上地方人民政府设立由本级人民政府主要负责人、相关部门负责人、**国家综合性消防救援队伍和**驻当地中国人民解放军、中国人民武装警察部队有关负责人**等**组成的突发事件应急指挥机构，统一领导、协调本级人民政府各有关部门和下级人民政府开展突发事件应对工作；根据实际需要，设立相关类别突发事件应急指挥机构，组织、协调、指挥突发事件应对工作。	政府中承担具体应急职能的部门并非领导机关，而仅是应急工作机构。 **关联法规** 《防洪法》第8条；《安全生产法》第8、9条；《消防法》第3、4条；《传染病防治法》第6条；《军队参加抢险救灾条例》第6、7条；《生产安全事故应急条例》第6条
	第二十条 突发事件应急指挥机构在突发事件应对过程中可以依法发布有关突发事件应对的决定、命令、措施。突发事件应急指挥机构发布的决定、命令、措施与设立它的人民政府发布的决定、命令、措施具有同等效力，法律责任由设立它的人民政府承担。	本条是关于应急指挥机构依法发布决定、命令、措施的规定，是新增条文。 根据本条规定，应急指挥机构是本级人民政府设立的临时议事协调机构，由相关部门组织、临时性应对突发事件的决策、指挥与处置机构，其具有发布有关突发事件应对管理的决定、命令、措施等的主体合法性。与此同时，鉴于应急指挥机

第二章 管理与指挥体制

13

续表

2007年《中华人民共和国突发事件应对法》	2024年《中华人民共和国突发事件应对法》	重点解读
		构是临时机构,没有行政主体资格,法律责任由本级人民政府承担。 **关联法规** 《地方各级人民代表大会和地方各级人民政府组织法》第59条
第八条第三款 上级人民政府主管部门应当在各自职责范围内,指导、协助下级人民政府及其相应部门做好有关突发事件的应对工作。	第二十一条 县级以上人民政府**应急管理**部门**和卫生健康、公安等有关**部门应当在各自职责范围内**做好有关突发事件应对管理工作,并**指导、协助下级人民政府及其相应部门做好有关突发事件的应对**管理**工作。	本条是关于各部门突发事件应对工作的职责分工的规定。 应急管理部门的职责包括组织协调和指导应急管理工作、防范和风险评估、应急救援、培训和宣传,以及监督管理等。卫生健康主管部门具体负责组织本行政区域内突发事件的预防、监测、预警、疫情报告、调查、控制、监督和医疗救治工作。公安机关的职责是维护国家安全,维护社会治安秩序,保护公民的人身安全、人身自由和合法财产,保护公共财产,预防、制止和惩治违法犯罪活动。 **关联法规** 《基本医疗卫生与健康促进法》第7条;《人民警察法》第2条;《安全生产法》第10条;

第二章　管理与指挥体制

续表

2007年《中华人民共和国突发事件应对法》	2024年《中华人民共和国突发事件应对法》	重点解读
	第二十二条　乡级人民政府、街道办事处应当明确专门工作力量，负责突发事件应对有关工作。 居民委员会、村民委员会依法协助人民政府和有关部门做好突发事件应对工作。	本条是关于基层人民政府及基层群众性自治组织职责的规定。 实践中，乡级人民政府、街道办事处可以设立突发事件应急委员会，负责统一领导突发事件的应对工作。对于重大且影响当地社会稳定的突发事件，则由乡级人民政府、街道办事处统一领导应急处置工作。 基层群众自治性组织应当协助人民政府做好突发事件应对管理工作，组织、协调各方面力量，实行群防群控、群防群治。 **关联法规** 《城市居民委员会组织法》第2条；《村民委员会组织法》第2条
第十一条第二款　公民、法人和其他组织有义务参与突发事件应对工作。	第二十三条　公民、法人和其他组织有义务参与突发事件应对工作。	本条是关于公众参与的规定。
第十四条　中国人民解放军、中国人民武装警察部队和民兵组织依照本法和其他有关法律、行政	第二十四条　中国人民解放军、中国人民武装警察部队和民兵组织依照本法和其他有关法律、行	本条是关于武装力量参加突发事件的应急救援和处置工作的规定。

15

续表

2007年《中华人民共和国突发事件应对法》	2024年《中华人民共和国突发事件应对法》	重点解读
法规、军事法规的规定以及国务院、中央军事委员会的命令,参加突发事件的应急救援和处置工作。	政法规、军事法规的规定以及国务院、中央军事委员会的命令,参加突发事件的应急救援和处置工作。	**关联法规** 《国防法》第61条;《防震减灾法》第9条;《防洪法》第43条第2款;《民兵工作条例》第2条;《军队参加抢险救灾条例》第2条;《突发公共卫生事件应急条例》第53条
第十六条 县级以上人民政府作出应对突发事件的决定、命令,应当报本级人民代表大会常务委员会备案;突发事件应急处置工作结束后,应当向本级人民代表大会常务委员会作出专项工作报告。	第二十五条 县级以上人民政府**及其设立的突发事件应急指挥机构发布的有关突发事件应对的**决定、命令、**措施**,应当**及时**报本级人民代表大会常务委员会备案;突发事件应急处置工作结束后,应当向本级人民代表大会常务委员会作出专项工作报告。	本条是关于本级人大监督职责的规定。 县级以上人民政府及其设立的突发事件应急指挥机构发布有关突发事件应对管理的决定、命令、措施均受到本级人大常委会的监督。各级人大常委会对本级人民政府作出应对突发事件的决定、命令进行备案审查,主要是审查这些决定和命令是否存在超越权限,限制或者剥夺公民、法人和组织的合法权益,或者增加公民、法人和组织义务等情形。 **关联法规** 《宪法》第67、104条;《各级人民代表大会常务委员会监督法》第8~14条;《地方各级人民代表大会和地方各级人民政府组织法》第8、44条

续表

2007年《中华人民共和国突发事件应对法》	2024年《中华人民共和国突发事件应对法》	重点解读
第二章　预防与应急准备	第三章　预防与应急准备	
第十七条　国家建立健全突发事件应急预案体系。 　　国务院制定国家突发事件总体应急预案，组织制定国家突发事件专项应急预案；国务院有关部门根据各自的职责和国务院相关应急预案，制定国家突发事件部门应急预案。 　　地方各级人民政府和县级以上地方各级人民政府有关部门根据有关法律、法规、规章、上级人民政府及其有关部门的应急预案以及本地区的实际情况，制定相应的突发事件应急预案。 　　应急预案制定机关应当根据实际需要和情势变化，适时修订应急预案。应急预案的制定、修订程序由国务院规定。	第二十六条　国家建立健全突发事件应急预案体系。 　　国务院制定国家突发事件总体应急预案，组织制定国家突发事件专项应急预案；国务院有关部门根据各自的职责和国务院相关应急预案，制定国家突发事件部门应急预案**并报国务院备案**。 　　地方各级人民政府和县级以上地方人民政府有关部门根据有关法律、法规、规章、上级人民政府及其有关部门的应急预案以及本地区、**本部门的**实际情况，制定相应的突发事件应急预案**并按国务院有关规定备案**。	本条是关于突发事件应急预案体系的规定。 　　应急预案是各级人民政府及其部门等为依法、迅速、科学、有序进行应对突发事件，最大程度减少突发事件及其造成的损害而预先制定的有关计划或方案。国家突发事件应急预案分两个层次：一是中央一级的突发事件总体应急预案、专项应急预案和部门应急预案；二是地方一级突发事件总体应急预案、专项应急预案和部门应急预案。本次修订增加了应急预案报国务院备案的规定。 　　<u>关联法规</u> 　　《安全生产法》第40条；《突发事件应急预案管理办法》
	第二十七条　县级以上人民政府应急管理部门指导突发事件应急预案体系建设，综合协调应急预案衔接工作，增强有关应	本条会关于突发事件应急预案体系建设的规定，是新增条文。 　　根据本条规定，负责突发事件应急预案体系建设的

第三章　预防与应急准备

17

续表

2007年《中华人民共和国突发事件应对法》	2024年《中华人民共和国突发事件应对法》	重点解读
	急预案的衔接性和实效性。	主体是县级以上人民政府，其需要做好应急预案衔接工作，增强应急预案的衔接性和实效性。 **关联法规** 《突发事件应急预案管理办法》；《交通运输突发事件应急管理规定》第10条
第十八条 应急预案应当根据本法和其他有关法律、法规的规定，针对突发事件的性质、特点和可能造成的社会危害，具体规定突发事件应急管理工作的组织指挥体系与职责和突发事件的预防与预警机制、处置程序、应急保障措施以及事后恢复与重建措施等内容。	第二十八条 应急预案应当根据本法和其他有关法律、法规的规定，针对突发事件的性质、特点和可能造成的社会危害，具体规定突发事件应对管理工作的组织指挥体系与职责和突发事件的预防与预警机制、处置程序、应急保障措施以及事后恢复与重建措施等内容。 应急预案制定机关应当广泛听取有关部门、单位、专家和社会各方面意见，增强应急预案的针对性和可操作性，并根据实际需要、情势变化、应急演练中发现的问题等及时对应急预案作出修订。 应急预案的制定、修订、备案等工作程序和管理办法由国务院规定。	本条是关于应急预案的内容及其制定、修订、备案的规定。 本条第2、3款是新增内容，本条第2款规定的是应急预案制定机关听取意见及动态修订要求，有助于提高应急预案的科学系、民主性和可行性。 **关联法规** 《核安全法》第55条；《工贸企业粉尘防爆安全规定》第23条；《国务院有关部门和单位制定和修订突发公共事件应急预案框架指南》

续表

2007年《中华人民共和国突发事件应对法》	2024年《中华人民共和国突发事件应对法》	重点解读
	第二十九条 县级以上人民政府应当将突发事件应对工作纳入国民经济和社会发展规划。县级以上人民政府有关部门应当制定突发事件应急体系建设规划。	本条是关于突发事件应急体系建设规划的规定，是新增条文。 **关联法规** 《国务院组织法》第8条；《地方各级人民代表大会和地方各级人民政府组织法》第11条；《全国人民代表大会常务委员会议事规则》第24条；
第十九条 城乡规划应当符合预防、处置突发事件的需要，统筹安排应对突发事件所必需的设备和基础设施建设，合理确定应急避难场所。	第三十条 国土空间规划**等规划**应当符合预防、处置突发事件的需要，统筹安排突发事件应对**工作**所必需的设备和基础设施建设，合理确定应急避难、**封闭隔离**、**紧急医疗救治等场所，实现日常使用和应急使用的相互转换**。	本条是关于国土空间规划符合预防、处置突发事件的需要的规定，本次修订将"城乡规划"改为"国土空间规划"。 国土空间规划中，应高度重视突发事件应急体系的建设，从目标理念、空间安排、设施布置、技术手段等方面进行全方位统筹考虑，并从合理确定应急避难、封闭隔离、紧急医疗救治等场所作出具体设计。政府编制的城乡规划应当满足以下要求：一是符合突发事件预防和处置工作的需要。 **关联法规** 《土地管理法》第18条；《安全生产法》第8条

续表

2007年《中华人民共和国突发事件应对法》	2024年《中华人民共和国突发事件应对法》	重点解读
	第三十一条 国务院应急管理部门会同卫生健康、自然资源、住房城乡建设等部门统筹、指导全国应急避难场所的建设和管理工作，建立健全应急避难场所标准体系。县级以上地方人民政府负责本行政区域内应急避难场所的规划、建设和管理工作。	本条是关于应急避难场所的建设和管理的规定，是新增条文。 应急避难场所是应对突发公共事件的一项灾民安置措施，是现代社会用于民众躲避火灾、爆炸、洪水、地震、疫情等重大突发公共事件的安全避难场所。 本条明确了应急避难场所建设管理工作的领导主体和具体负责主体。 **关联法规** 《无障碍环境建设法》第47条；《防震减灾法》第68条；《城乡规划法》第33条；《村庄和集镇规划建设管理条例》第5条
第五条 ……国家建立重大突发事件风险评估体系，对可能发生的突发事件进行综合性评估，减少重大突发事件的发生，最大限度地减轻重大突发事件的影响。	**第三十二条** 国家建立**健全**突发事件风险评估体系，对可能发生的突发事件进行综合性评估，**有针对性地采取有效防范措施**，减少突发事件的发生，最大限度减轻突发事件的影响。	本条是关于突发事件风险评估体系的规定。 风险评估是突发事件应急管理的重要环节，而评估方法的正确运用直接影响结果的可靠性及风险的最大程度控制。 **关联法规** 《气象灾害防御条例》第10条；《重大行政决策程序暂行条例》第22条

续表

2007年《中华人民共和国突发事件应对法》	2024年《中华人民共和国突发事件应对法》	重点解读
第二十条　县级人民政府应当对本行政区域内容易引发自然灾害、事故灾难和公共卫生事件的危险源、危险区域进行调查、登记、风险评估，定期进行检查、监控，并责令有关单位采取安全防范措施。 省级和设区的市级人民政府应当对本行政区域内容易引发特别重大、重大突发事件的危险源、危险区域进行调查、登记、风险评估，组织进行检查、监控，并责令有关单位采取安全防范措施。 县级以上地方各级人民政府按照本法规定登记的危险源、危险区域，应当按照国家规定及时向社会公布。	第三十三条　县级人民政府应当对本行政区域内容易引发自然灾害、事故灾难和公共卫生事件的危险源、危险区域进行调查、登记、风险评估，定期进行检查、监控，并责令有关单位采取安全防范措施。 省级和设区的市级人民政府应当对本行政区域内容易引发特别重大、重大突发事件的危险源、危险区域进行调查、登记、风险评估，组织进行检查、监控，并责令有关单位采取安全防范措施。 县级以上地方人民政府**应当根据情况变化，及时调整危险源、危险区域的登记**。登记的危险源、危险区域**及其基础信息**，应当按照国家**有关规定接入突发事件信息系统，并**及时向社会公布。	本条是关于危险源、危险区域的治理职责的规定。 危险源、危险区域的治理应坚持属地原则，有关部门及时采取安全防范措施。突发事件发生后，发生地县级人民政府应当立即采取措施控制事态发展，组织开展应急救援和处置工作。 本条第3款增加了关于登记的危险源、危险区域及其基础信息，应当按照国家有关规定接入突发事件信息系统，并及时向社会公布的规定。 **关联法规** 《安全生产法》第25条；《防震减灾法》第50条
第二十一条　县级人民政府及其有关部门、乡级人民政府、街道办事处、居民委员会、村民委	第三十四条　县级人民政府及其有关部门、乡级人民政府、街道办事处、居民委员会、村民委	本条是关于县、乡级基层政府和基层群众性自治组织开展矛盾纠纷调解工作以防范社会安全事件的规定。

续表

2007年《中华人民共和国突发事件应对法》	2024年《中华人民共和国突发事件应对法》	重点解读
员会应当及时调解处理可能引发社会安全事件的矛盾纠纷。	员会应当及时调解处理可能引发社会安全事件的矛盾纠纷。	**关联法规** 《行政强制法》第3条；《网络安全法》第58条
第二十二条 所有单位应当建立健全安全管理制度，定期检查本单位各项安全防范措施的落实情况，及时消除事故隐患；掌握并及时处理本单位存在的可能引发社会安全事件的问题，防止矛盾激化和事态扩大；对本单位可能发生的突发事件和采取安全防范措施的情况，应当按照规定及时向所在地人民政府或者大民政府有关部门报告。	第三十五条 所有单位应当建立健全安全管理制度，**定期开展危险源辨识评估，制定安全防范措施**；定期检查本单位各项安全防范措施的落实情况，及时消除事故隐患；掌握并及时处理本单位存在的可能引发社会安全事件的问题，防止矛盾激化和事态扩大；对本单位可能发生的突发事件和采取安全防范措施的情况，应当按照规定及时向所在地人民政府或者有关部门报告。	本条是关于单位安全管理制度的规定。 健全安全管理制度，具体包括突发事件分类、危险源辨识评估、安全防范措施、组织体系、工作职责、处理程序等内容。 根据本条规定，为预防突发事件的发生，所有单位建立健全安全管理制度主要包括以下几点：（1）建立、健全本单位的安全管理责任制；（2）组织制定本单位安全管理规章制度和操作规程；（3）各单位负责人应当组织力量开展风险隐患普查工作；（4）加强安全教育与宣传；（5）按照规定及时向有关部门报告。 **关联法规** 《安全生产法》第39条；《农产品质量安全法》第12条
第二十三条 矿山、建筑施工单位和易燃易爆物品、危险化学品、放射	第三十六条 矿山、**金属冶炼**、建筑施工单位和易燃易爆物品、危险化	本条是关于高危行业单位预防突发事件的义务的规定。

续表

2007年《中华人民共和国突发事件应对法》	2024年《中华人民共和国突发事件应对法》	重点解读
性物品等危险物品的生产、经营、储运、使用单位，应当制定具体应急预案，并对生产经营场所、有危险物品的建筑物、构筑物及周边环境开展隐患排查，及时采取措施消除隐患，防止发生突发事件。	学品、放射性物品等危险物品的生产、经营、**运输**、**储存**、使用单位，应当制定具体应急预案，**配备必要的应急救援器材、设备和物资**，并对生产经营场所、有危险物品的建筑物、构筑物及周边环境开展隐患排查，及时采取措施**管控风险和**消除隐患，防止发生突发事件。	矿山、金属冶炼、建筑施工单位和易燃易爆物品、危险化学品、放射性物品等危险物品的生产、经营、储运、使用单位，都是高危行业企业，应当比一般单位承担更大的预防突发事件的责任。这类单位必须针对可能发生的突发事件的种类、性质、特点和可能造成的社会危害等情况，制定具体应急预案。 **关联法规** 《消防法》第54条；《安全生产法》第82条
第二十四条 公共交通工具、公共场所和其他人员密集场所的经营单位或者管理单位应当制定具体应急预案，为交通工具和有关场所配备报警装置和必要的应急救援设备、设施，注明其使用方法，并显著标明安全撤离的通道、路线，保证安全通道、出口的畅通。 有关单位应当定期检测、维护其报警装置和应急救援设备、设施，使其	第三十七条 公共交通工具、公共场所和其他人员密集场所的经营单位或者管理单位应当制定具体应急预案，为交通工具和有关场所配备报警装置和必要的应急救援设备、设施，注明其使用方法，并显著标明安全撤离的通道、路线，保证安全通道、出口的畅通。 有关单位应当定期检测、维护其报警装置和应急救援设备、设施，使其	本条是关于人员密集场所的经营单位或者管理单位的预防义务的规定。 根据本条规定，公共交通工具、公共场所和其他人员密集场所的经营单位或者管理单位应当承担的义务包括：制定具体应急预案；为有关场所和交通工具配备报警装置和必要的应急救援设备、设施，注明其使用方法；保障安全通道、出口的畅通；保障报警装置和应急救援设备、设施的正常使用。

23

续表

2007年《中华人民共和国突发事件应对法》	2024年《中华人民共和国突发事件应对法》	重点解读
处于良好状态，确保正常使用。	处于良好状态，确保正常使用。	**关联法规** 《消防法》第26条；《防震减灾法》第46条
第二十五条 县级以上人民政府应当建立健全突发事件应急管理培训制度，对人民政府及其有关部门负有处置突发事件职责的工作人员定期进行培训。	第三十八条 县级以上人民政府应当建立健全突发事件应对管理培训制度，对人民政府及其有关部门负有突发事件**应对管理**职责的工作人员以及**居民委员会、村民委员会有关人员**定期进行培训。	本条是关于突发事件应对管理培训制度的规定，本次修订增加了对居民委员会、村民委员会有关人员定期培训的规定，与本法第23条相衔接，体现了群防群控、群防群治的精神。 **关联法规** 《消防法》第6条；《安全生产法》第4条第2款；《食品安全法实施条例》第55条
第二十六条 县级以上人民政府应当整合应急资源，建立或者确定综合性应急救援队伍。人民政府有关部门可以根据实际需要设立专业应急救援队伍。 县级以上人民政府及其有关部门可以建立由成年志愿者组成的应急救援队伍。单位应当建立由本单位职工组成的专职或者兼职应急救援队伍。 县级以上人民政府应	第三十九条 **国家综合性消防救援队伍是应急救援的综合性常备骨干力量，按照国家有关规定执行综合应急救援任务。**县级以上人民政府有关部门可以根据实际需要设立专业应急救援队伍。 县级以上人民政府及其有关部门可以建立由成年志愿者组成的应急救援队伍。**乡级人民政府、街道办事处和有条件的居民委员会、村民委员会可以**	本条是关于建立专业应急救援队伍的规定。 根据本条规定，建立专业应急救援队伍的职责主要赋予了县级以上人民政府及其有关部门。目前，在各县级以上行政区域内，一般都有消防队、特警队等专门性的应急救援队伍。因此，除了综合性应急救援队伍，县级以上人民政府部门可以根据应对突发事件的实际需要和本部门的职责，设立专业性的应急救援队伍。

续表

2007年《中华人民共和国突发事件应对法》	2024年《中华人民共和国突发事件应对法》	重点解读
当加强专业应急救援队伍与非专业应急救援队伍的合作，联合培训、联合演练，提高合成应急、协同应急的能力。	**建立基层应急救援队伍，及时、就近**开展应急救援。单位应当建立由本单位职工组成的专职或者兼职应急救援队伍。**国家鼓励和支持社会力量建立提供社会化应急救援服务的应急救援队伍。社会力量建立的应急救援队伍参与突发事件应对工作应当服从履行统一领导职责或者组织处置突发事件的人民政府、突发事件应急指挥机构的统一指挥。**县级以上人民政府应当**推动**专业应急救援队伍与非专业应急救援队伍联合培训、联合演练，提高合成应急、协同应急的能力。	县级人民政府及其有关部门应当动员社会力量组建志愿者队伍。各单位都应当根据本单位的实际情况，建立由本单位职工组成的专职或者兼职应急救援队伍。而一些从事危险物品生产、经营的大型企业和人员密集场所的经营或者管理单位，还应考虑自行组建专职应急救援队伍。 社会化救援力量是专业救援力量的重要补充，对建立密切协同的应急处置突发事件工作机制具有重要意义。社会力量建立的应急救援队伍参与突发事件应对工作应当服从履行统一领导职责或者组织处置突发事件的人民政府、突发事件应急指挥机构的统一指挥。 **关联法规** 《消防法》第6条；《森林法》第34条；《国家森林草原火灾应急预案》
第二十七条 国务院有关部门、县级以上地方各级人民政府及其有关部	**第四十条** 地方各级人民政府、**县级以上人民政府**有关部门、有关单位	本条是关于应急救援人员人身保险与职业资格的规定。

25

续表

2007年《中华人民共和国突发事件应对法》	2024年《中华人民共和国突发事件应对法》	重点解读
门、有关单位应当为专业应急救援人员购买人身意外伤害保险，配备必要的防护装备和器材，减少应急救援人员的人身风险。	应当为其组建的应急救援队伍购买人身意外伤害保险，配备必要的防护装备和器材，防范和减少应急救援人员的人身伤害风险。 **专业应急救援人员应当具备相应的身体条件、专业技能和心理素质，取得国家规定的应急救援职业资格，具体办法由国务院应急管理部门会同国务院有关部门制定。**	本条第1款强调政府及有关部门、单位应为应急救援队伍及人员购买人身意外伤害保险，配备防护设施。 本条第2款为新增内容，强调专业应急救援人员应具备基本的身心素质和职业资格。 2015年《中华人民共和国职业分类大典》对应急救援相关领域的职业资格重新进行了分类，明确应急救援员、消防员、森林消防员这三大类为水平评价类技能人员职业资格。为规范从业者的从业行为，为职业技能鉴定提供依据，2019年人力资源和社会保障部联合应急管理部组织有关专家，制定《应急救援员国家职业技能标准》。 **关联法规** 《保险法》第2条；《交通运输突发事件应急管理规定》第17条
第二十八条 中国人民解放军、中国人民武装警察部队和民兵组织应当有计划地组织开展应急救援的专门训练。	第四十一条 中国人民解放军、中国人民武装警察部队和民兵组织应当有计划地组织开展应急救援的专门训练。	本条是关于军队和民兵组织开展专门训练的规定。 **关联法规** 《反恐怖主义法》第74条；《预备役人员法》第24条

续表

2007年《中华人民共和国突发事件应对法》	2024年《中华人民共和国突发事件应对法》	重点解读
第二十九条第一、二款 县级人民政府及其有关部门、乡级人民政府、街道办事处应当组织开展应急知识的宣传普及活动和必要的应急演练。 居民委员会、村民委员会、企业事业单位应当根据所在地人民政府的要求，结合各自的实际情况，开展有关突发事件应急知识的宣传普及活动和必要的应急演练。	第四十二条 县级人民政府及其有关部门、乡级人民政府、街道办事处应当组织开展面向社会公众的**应急知识宣传普及活动和必要的应急演练**。 居民委员会、村民委员会、企业事业单位、**社会组织**应当根据所在地人民政府的要求，结合各自的实际情况，开展**面向居民、村民、职工等的**应急知识宣传普及活动和必要的应急演练。	本条是关于开展应急知识宣传普及活动和应急演练的规定。 应急知识是预防和应对突发事件的各种知识和技能的总称。通过宣传普及应急知识，使公众掌握自我保护的方法。 应急演练是按照应急预案的程序，经历预警、先期处置、应急响应、善后处置等阶段，充分调动各种人力、物力、财力资源，模拟对突发事件的应对，因此应当着重于对公众风险意识的培养和在紧急情况下自救能力的提高。 **关联法规** 《防震减灾法》第44条；《反恐怖主义法》第17条；《生产安全事故应急条例》第6条
第三十条 各级各类学校应当把应急知识教育纳入教学内容，对学生进行应急知识教育，培养学生的安全意识和自救与互救能力。 教育主管部门应当对	第四十三条 各级各类学校应当把应急教育纳入**教育教学计划**，对学生**及教职工**开展应急知识教育**和应急演练**，培养安全意识，**提高**自救与互救能力。	本条是关于学校应注重应急教育的规定。 应急教育是指紧急情况发生前关于自救、互救，以提高个体生存能力为主的教育，又称为"灾难教育""防灾教育""公共安全教育"等。

27

续表

2007年《中华人民共和国突发事件应对法》	2024年《中华人民共和国突发事件应对法》	重点解读
学校开展应急知识教育进行指导和监督。	教育主管部门应当对学校开展应急教育进行指导和监督，应急管理等部门应当给予支持。	国务院《健康中国行动（2019—2030年）》提出开展健康知识普及行动，把学生健康知识、急救知识等纳入中小学考试范围，这是提升全民应急能力的重要举措。 **关联法规** 《防震减灾法》第44条第3款；《未成年人保护法》第6条
第三十一条 国务院和县级以上地方各级人民政府应当采取财政措施，保障突发事件应对工作所需经费。	**第四十四条** 各级人民政府应当**将**突发事件应对工作所需经费**纳入本级预算，并加强资金管理，提高资金使用绩效**。	本条是关于突发事件应对工作经费预算和资金管理的规定，强调经费和资金管理要合法合规，并要注重提高资金使用绩效。 **关联法规** 《预算法》第40条
第三十二条第一款 国家建立健全应急物资储备保障制度，完善重要应急物资的监管、生产、储备、调拨和紧急配送体系。	**第四十五条** 国家按照集中管理、统一调拨、平时服务、灾时应急、采储结合、节约高效的原则，建立健全应急物资储备保障制度，**动态更新应急物资储备品种目录**，完善重要应急物资的监管、生产、**采购**、储备、调拨和紧急配送体系，**促进安**	本条是关于应急物资储备保障制度和国家储备物资品种目录、总体发展规划的规定。 本条规定分为两个方面：一是按照集中管理、统一调拨、平时服务、灾时应急、采储结合、节约高效等原则，建立健全应急物资储备保障制度；二是应急物资

28

续表

2007年《中华人民共和国突发事件应对法》	2024年《中华人民共和国突发事件应对法》	重点解读
	全应急产业发展，优化产业布局。 **国家储备物资品种目录、总体发展规划，由国务院发展改革部门会同国务院有关部门拟订。国务院应急管理等部门依据职责制定应急物资储备规划、品种目录，并组织实施。应急物资储备规划应当纳入国家储备总体发展规划。**	储备规划应当纳入国家储备总体发展规划。按照救灾实际需要，适当增加中央救灾物资储备种类，增大物资储量，基本建成统一指挥、规模适度、布局合理、功能齐全、反应迅速、运转高效、保障有力、符合国情的中央级救灾物资储备体系。以有效应对重特大突发事故为目标，分灾种、分层级、分区域开展各类应急物资的规模需求研究，科学确定并合理调整各级、各类应急物资的储备规模。 **关联法规** 《"十四五"应急物资保障规划》；《重大动物疫情应急条例》第41条
第三十二条第二款 设区的市级以上人民政府和突发事件易发、多发地区的县级人民政府应当建立应急救援物资、生活必需品和应急处置装备的储备制度。 县级以上地方各级人民政府应当根据本地区的实际情况，与有关企业签	**第四十六条** 设区的市级以上人民政府和突发事件易发、多发地区的县级人民政府应当建立应急救援物资、生活必需品和应急处置装备的储备保障制度。 县级以上地方人民政府应当根据本地区的实际情况**和突发事件应对工作**	本条是关于地方应急物资储备保障的规定。 应急物资储备包括实物储备与生产能力储备。实物储备是政府对已经生产出的用以应急的产品进行一定数量的储备，如应急救援物资、生活必需品和应急处置装备等。生产能力储备是指政府为应对潜在的突发事件，

续表

2007年《中华人民共和国突发事件应对法》	2024年《中华人民共和国突发事件应对法》	重点解读
订协议，保障应急救援物资、生活必需品和应急处置装备的生产、供给。	的需要，依法与有条件的企业签订协议，保障应急救援物资、生活必需品和应急处置装备的生产、供给。有关企业应当根据协议，按照县级以上地方人民政府要求，进行应急救援物资、生活必需品和应急处置装备的生产、供给，并确保符合国家有关产品质量的标准和要求。 国家鼓励公民、法人和其他组织储备基本的应急自救物资和生活必需品。有关部门可以向社会公布相关物资、物品的储备指南和建议清单。	确定由一定生产能力的企业作为储备企业，通过签订协议等方式保障物资供应的储备方式。 本条第2款做了较大的修订，其中强调企业生产、供给应急物资应当根据协议，符合政府要求，符合国家有关产品质量标准和要求。 本条第3款是新增内容，鼓励民众自备应急物资和生活必需品以及有关部门可以向社会公布相关物资、物品的储备指南和建议清单。 **关联法规** 《自然灾害救助条例》第10条
	第四十七条 国家建立健全应急运输保障体系，统筹铁路、公路、水运、民航、邮政、快递等运输和服务方式，制定应急运输保障方案，保障应急物资、装备和人员及时运输。 县级以上地方人民政府和有关主管部门应当根	本条是关于应急运输保障工作的规定，是新增条文。 应急运输保障工作包括建立健全应急运输保障体系和制定应急运输保障法案，做好应急调度和运力保障工作。 **关联法规** 《公路法》第12条；《铁路安全管理条例》第6条；《道

续表

2007年《中华人民共和国突发事件应对法》	2024年《中华人民共和国突发事件应对法》	重点解读
	据国家应急运输保障方案，结合本地区实际做好应急调度和运力保障，确保运输通道和客货运枢纽畅通。 国家发挥社会力量在应急运输保障中的积极作用。社会力量参与突发事件应急运输保障，应当服从突发事件应急指挥机构的统一指挥。	路运输条例》第31条；《交通运输突发事件应急管理规定》；
	第四十八条 国家建立健全能源应急保障体系，提高能源安全保障能力，确保受突发事件影响地区的能源供应。	本条是关于建立健全能源应急保障体系的规定，是新增条文。 能源也称作能量资源，是指自然界中能为人类提供某种形式能量的物质资源。具体是指煤炭、石油、天然气、生物质能和电力、热力以及其他直接或者通过加工、转换而取得有用能的各种资源。能源安全是国家安全的重要组成部分，也是国家安全的关键保障。 **关联法规** 《节约能源法》第2条；《国家安全法》第21条

续表

2007年《中华人民共和国突发事件应对法》	2024年《中华人民共和国突发事件应对法》	重点解读
第三十三条 国家建立健全应急通信保障体系，完善公用通信网，建立有线与无线相结合、基础电信网络与机动通信系统相配套的应急通信系统，确保突发事件应对工作的通信畅通。	第四十九条 国家建立健全应急通信、应急广播保障体系，加强应急通信系统、应急广播系统建设，确保突发事件应对工作的通信、广播安全畅通。	本条是关于突发事件应急通信保障的规定。 应急通信保障体系，是在突发紧急情况时，综合利用各种通信资源，保障救援、紧急救助和必要应急通信所需的通信手段和方法。 应急广播，是指在发生突发事件等应急状态下，政府通过广播、电视等媒体向公众提供防灾减灾等信息服务，从而做好舆论引导和信息发布工作的一种紧急手段。应急通信、应急广播保障体系是突发事件应对管理的神经网络。 **关联法规** 《气象法》第26条；《防洪法》第43条
	第五十条 国家建立健全突发事件卫生应急体系，组织开展突发事件中的医疗救治、卫生学调查处置和心理援助等卫生应急工作，有效控制和消除危害。	本条是关于突发事件卫生应急体系建设的规定，是新增条文。 《突发事件医疗应急工作管理办法（试行）》第10条规定，突发事件医疗应急处置遵循分级负责、属地管理为主的原则，地方各级卫生健康行政部门应当建立突发事件的应急响应机制，根

续表

2007年《中华人民共和国突发事件应对法》	2024年《中华人民共和国突发事件应对法》	重点解读
		据突发事件类型，启动应急响应，在属地党委和人民政府领导下，加强部门协同，完善应急力量，快速反应、高效应对各类突发事件，开展医疗救援。 **关联法规** 《医师法》第32条；《基本医疗卫生与健康促进法》第19条
	第五十一条 县级以上人民政府应当加强急救医疗服务网络的建设，配备相应的医疗救治物资、设施设备和人员，提高医疗卫生机构应对各类突发事件的救治能力。	本条是关于急救医疗服务网络建设的规定，是新增条文。 急救医疗服务网络建设是一项系统性工程，应建立科学合理的急救网络，配备相应的医疗救治物资、设施设备和人员，推动急救指挥调度信息系统与通信、疾控、公安、交通、消防救援、应急管理等部门信息共享与联动。 **关联法规** 《突发公共卫生事件应急条例》第17条
第三十四条 国家鼓励公民、法人和其他组织为人民政府应对突发事件	**第五十二条** 国家鼓励公民、法人和其他组织为突发事件应对工作提供	本条是关于国家鼓励社会力量支持突发事件应对工作的规定，本条并非强制性

第三章 预防与应急准备

33

续表

2007年《中华人民共和国突发事件应对法》	2024年《中华人民共和国突发事件应对法》	重点解读
工作提供物资、资金、技术支持和捐赠。	物资、资金、技术支持和捐赠。 接受捐赠的单位应当及时公开接受捐赠的情况和受赠财产的使用、管理情况，接受社会监督。	规范，而是一种倡导性规范。 本条第2款是新增内容，强调捐赠的透明性，捐赠公开透明事关信任。接受捐赠的单位应当及时公开接受捐赠的情况和受赠财产的使用、管理情况，接受社会监督。《慈善法》第72条规定，为应对重大突发事件开展公开募捐的，应当及时分配或者使用募得款物，在应急处置与救援阶段至少每五日公开一次募得款物的接收情况，及时公开分配、使用情况。 **关联法规** 《公益事业捐赠法》第8条；《慈善法》第72条；《救灾捐赠管理办法》第2条
	第五十三条 红十字会在突发事件中，应当对伤病人员和其他受害者提供紧急救援和人道救助，并协助人民政府开展与其职责相关的其他人道主义服务活动。有关人民政府应当给予红十字会支持和资助，保障其依法参与应对突发事件。	本条是关于红十字会与慈善组织的职责的规定，是新增条文。 本条第1款是对红十字会服务于突发事件应对管理的规定。红十字会救援救灾主要任务，包括：建立健全红十字应急救援体系、制定突发事件应急预案、建立应急救援队伍、储备必要应急

续表

2007 年《中华人民共和国突发事件应对法》	2024 年《中华人民共和国突发事件应对法》	重点解读
	慈善组织在发生重大突发事件时开展募捐和救助活动，应当在有关人民政府的统筹协调、有序引导下依法进行。有关人民政府应当通过提供必要的需求信息、政府购买服务等方式，对慈善组织参与应对突发事件、开展应急慈善活动予以支持。	物资、提供紧急救援和人道救助。 　　本条第 2 款是对慈善组织参与突发事件应对管理的要求与支持。《慈善法》第 74 条规定，县级以上人民政府及其有关部门应当为捐赠款物分配送达提供便利条件。乡级人民政府、街道办事处和村民委员会、居民委员会，应当为捐赠款物分配送达、信息统计等提供力所能及的帮助。 **关联法规** 《红十字会法》；《慈善法》第 74 条；《慈善组织公开募捐管理办法》
	第五十四条　有关单位应当加强应急救援资金、物资的管理，提高使用效率。 　　任何单位和个人不得截留、挪用、私分或者变相私分应急救援资金、物资。	本条是关于应急救援资金、物资的管理的规定，是新增条文。 　　应急救援资金、物资的管理遵循应急为先、注重绩效、公开透明、专款专用等原则，接受社会监督。 **关联法规** 《防洪法》第 52 条

续表

2007年《中华人民共和国突发事件应对法》	2024年《中华人民共和国突发事件应对法》	重点解读
第三十五条 国家发展保险事业，建立国家财政支持的巨灾风险保险体系，并鼓励单位和公民参加保险。	第五十五条 国家发展保险事业，建立**政府支持、社会力量参与、市场化运作的**巨灾风险保险体系，并鼓励单位和**个人**参加保险。	巨灾保险是指通过保险的制度性安排，将因发生地震、台风、洪水等自然灾害造成的财产损失、人员伤亡风险，以保险形式进行风险分散和经济补偿，对提高防灾、减灾、抗灾、救灾能力具有积极作用。 **关联法规** 《保险法》第104条；《防震减灾法》第45条；《防洪法》第47条第2款
第三十六条 国家鼓励、扶持具备相应条件的教学科研机构培养应急管理专门人才，鼓励、扶持教学科研机构和有关企业研究开发用于突发事件预防、监测、预警、应急处置与救援的新技术、新设备和新工具。	第五十六条 国家**加强应急管理基础科学、重点行业领域关键核心技术的研究，加强互联网、云计算、大数据、人工智能等现代技术手段在突发事件应对工作中的应用**，鼓励、扶持**有条件的**教学科研机构、**企业**培养应急管理人才**和科技人才**，研发、**推广新技术、新材料**、新设备和新工具，**提高突发事件应对能力**。	本条是关于在突发事件应对管理工作中进行科技赋能和人才培养的规定。 随着科技的进步，本条强调在突发事件应对工作中加强对大数据、人工智能等现代技术手段的研究和应用，同时本次修订特别强调鼓励教育科研机构和企业注重培养应急管理人才和科技人才。 **关联法规** 《科学技术进步法》第1条；《中小企业促进法》第33条；《无人驾驶航空器飞行管理暂行条例》第5条；《防震减灾法》第11条第1款

续表

2007年《中华人民共和国突发事件应对法》	2024年《中华人民共和国突发事件应对法》	重点解读
	第五十七条 县级以上人民政府及其有关部门应当建立健全突发事件专家咨询论证制度，发挥专业人员在突发事件应对工作中的作用。	本条是关于突发事件专家咨询论证制度的规定。 有关部门组织专家咨询论证，可以采取论证会、书面咨询、委托咨询论证等方式。选择专家、专业机构参与咨询论证，应坚持专业性、代表性和中立性，注重选择应急管理、安全生产、医疗卫生、法律等多元背景意见的专家、专业机构，不得选择与突发事件有直接利害关系的专业人员。 **关联法规** 《重大行政决策程序暂行条例》第19条；《煤矿安全生产条例》第70条
第三章　监测与预警	第四章　监测与预警	
第四十一条 国家建立健全突发事件监测制度。 　　县级以上人民政府及其有关部门应当根据自然灾害、事故灾难和公共卫生事件的种类和特点，建立健全基础信息数据库，完善监测网络，划分监测区域，确定监测点，明确	**第五十八条** 国家建立健全突发事件监测制度。 　　县级以上人民政府及其有关部门应当根据自然灾害、事故灾难和公共卫生事件的种类和特点，建立健全基础信息数据库，完善监测网络，划分监测区域，确定监测点，明确	本条是关于突发事件监测制度的规定。 完善监测网络系统，一是在完善现有气象、水文、地震、地质、海洋和环境等自然灾害监测网的基础上，适当增加监测密度提高技术装备；二是建立危险源、危险区域的实时监控系统和危险品跨区域流动动态监控系

37

续表

2007年《中华人民共和国突发事件应对法》	2024年《中华人民共和国突发事件应对法》	重点解读
监测项目，提供必要的设备、设施，配备专职或者兼职人员，对可能发生的突发事件进行监测。	监测项目，提供必要的设备、设施，配备专职或者兼职人员，对可能发生的突发事件进行监测。	统；三是在完善省市县乡村五级公共卫生事件信息报告网络的同时，健全传染病和不明原因疾病、动植物疫情、植物病虫害和食品药品安全等公共卫生事件监测系统。 **关联法规** 《防震减灾法》第11条第1款、17条；《气象法》第27条；《防洪法》第31条；《传染病防治法》第17条
第三十七条 国务院建立全国统一的突发事件信息系统。 县级以上地方各级人民政府应当建立或者确定本地区统一的突发事件信息系统，汇集、储存、分析、传输有关突发事件的信息，并与上级人民政府及其有关部门、下级人民政府及其有关部门、专业机构和监测网点的突发事件信息系统实现互联互通，加强跨部门、跨地区的信息交流与情报合作。	**第五十九条** 国务院建立全国统一的突发事件信息系统。 县级以上地方人民政府应当建立或者确定本地区统一的突发事件信息系统，汇集、储存、分析、传输有关突发事件的信息，并与上级人民政府及其有关部门、下级人民政府及其有关部门、专业机构、监测网点和**重点企业**的突发事件信息系统实现互联互通，加强跨部门、跨地区的信息共享与情报合作。	根据本条规定，突发事件信息系统根据"分级设置、互联互通"的原则设置。 "分级设置"是指县级以上各级人民政府均应设置统一的应急信息系统，作为本区域突发事件应对管理的信息中枢。 "互联互通"是指各级政府的突发事件信息系统应当与有关部门的信息系统交流共享、加强合作。同时，县级以上地方人民政府应当建立或者确定本地区统一的突发事件信息系统，并与有关部门、监测网点、单位的突发事件信息系统实现互联互通。

续表

2007年《中华人民共和国突发事件应对法》	2024年《中华人民共和国突发事件应对法》	重点解读
		关联法规 《防震减灾法》第18条；《气象法》第27条；《科学技术进步法》第101条
第三十八条 县级以上人民政府及其有关部门、专业机构应当通过多种途径收集突发事件信息。 县级人民政府应当在居民委员会、村民委员会和有关单位建立专职或者兼职信息报告员制度。 获悉突发事件信息的公民、法人或者其他组织，应当立即向所在地人民政府、有关主管部门或者指定的专业机构报告。	第六十条 县级以上人民政府及其有关部门、专业机构应当通过多种途径收集突发事件信息。 县级人民政府应当在居民委员会、村民委员会和有关单位建立专职或者兼职信息报告员制度。 公民、法人或者其他组织**发现发生突发事件，或者发现可能发生突发事件的异常情况**，应当立即向所在地人民政府、有关主管部门或者指定的专业机构报告。**接到报告的单位应当按照规定立即核实处理，对于不属于其职责的，应当立即移送相关单位核实处理。**	本条规定了政府收集信息和社会公众报告信息两方面的责任和义务。第1款强调政府收集突发事件信息的途径应当多样化，建立完善的监测网络。根据第2款规定，县级人民政府应当在居民委员会、村民委员会和有关单位建立专职或者兼职信息报告员制度。信息报告员分为专职和兼职两类。专职信息报告员制度主要在技术性和专业性较强的领域建立。在其他领域，可设立兼职信息报告员。根据第3款规定，公民、法人或者其他组织有报告突发事件信息的义务。此外，本次修订新增了接到报告的单位应当按照规定及时核实、处理并做好移送等相关工作的规定。 **关联法规** 《气象法》第15、16条；《防震减灾法》第26条

续表

2007年《中华人民共和国突发事件应对法》	2024年《中华人民共和国突发事件应对法》	重点解读
第三十九条　地方各级人民政府应当按照国家有关规定向上级人民政府报送突发事件信息。县级以上人民政府有关主管部门应当向本级人民政府相关部门通报突发事件信息。专业机构、监测网点和信息报告员应当及时向所在地人民政府及其有关主管部门报告突发事件信息。 　　有关单位和人员报送、报告突发事件信息，应当做到及时、客观、真实，不得迟报、谎报、瞒报、漏报。	第六十一条　地方各级人民政府应当按照国家有关规定向上级人民政府报送突发事件信息。县级以上人民政府有关主管部门应当向本级人民政府相关部门通报突发事件信息，**并报告上级人民政府主管部门**。专业机构、监测网点和信息报告员应当及时向所在地人民政府及其有关主管部门报告突发事件信息。 　　有关单位和人员报送、报告突发事件信息，应当做到及时、客观、真实，不得迟报、谎报、瞒报、漏报，**不得授意他人迟报、谎报、瞒报，不得阻碍他人报告**。	本条是关于突发事件信息报送的规定。信息报送的责任主体是地方各级人民政府。发生突发事件，地方各级人民政府都要按规定向上级人民政府工作报告，不能以有关部门报告代替政府报告，目的是强化政府的责任。本条规定不排除有关部门向上级有关部门报告突发事件信息的义务，但下级部门向上级部门报告突发事件信息，不能减轻政府的报告责任。 **关联法规** 《传染病防治法》第30条；《突发公共卫生事件应急条例》第19条；《国家突发公共事件总体应急预案》
第四十条　县级以上地方各级人民政府应当及时汇总分析突发事件隐患和预警信息，必要时组织相关部门、专业技术人员、专家学者进行会商，对发生突发事件的可能性及其可能造成的影响进行评估；认为可能发生重大	第六十二条　县级以上地方人民政府应当及时汇总分析突发事件隐患和监测信息，必要时组织相关部门、专业技术人员、专家学者进行会商，对发生突发事件的可能性及其可能造成的影响进行评估；认为可能发生重大或	本条是关于汇总分析突发事件隐患和预警信息的规定。突发事件隐患和预警信息是指容易引发自然灾害、事故灾难和公共卫生事件的危险源、危险状态、危险区域的信息。本条主要规定了：（1）县级以上地方人民政府对突发事件信息的处理

续表

2007年《中华人民共和国突发事件应对法》	2024年《中华人民共和国突发事件应对法》	重点解读
或者特别重大突发事件的，应当立即向上级人民政府报告，并向上级人民政府有关部门、当地驻军和可能受到危害的毗邻或者相关地区的人民政府通报。	者特别重大突发事件的，应当立即向上级人民政府报告，并向上级人民政府有关部门、当地驻军和可能受到危害的毗邻或者相关地区的人民政府通报，**及时采取预防措施**。	职责。(2)突发事件信息的会商、评估机制。(3)县级以上地方人民政府的信息报告和通报义务。 **关联法规** 《传染病防治法》第30条
第四十二条 国家建立健全突发事件预警制度。 可以预警的自然灾害、事故灾难和公共卫生事件的预警级别，按照突发事件发生的紧急程度、发展势态和可能造成的危害程度分为一级、二级、三级和四级，分别用红色、橙色、黄色和蓝色标示，一级为最高级别。 预警级别的划分标准由国务院或者国务院确定的部门制定。	**第六十三条** 国家建立健全突发事件预警制度。 可以预警的自然灾害、事故灾难和公共卫生事件的预警级别，按照突发事件发生的紧急程度、发展势态和可能造成的危害程度分为一级、二级、三级和四级，分别用红色、橙色、黄色和蓝色标示，一级为最高级别。 预警级别的划分标准由国务院或者国务院确定的部门制定。	本条是关于突发事件预警制度及预警级别划分的规定。 建立健全预警制度的目的是及时向公众发布突发事件即将发生的信息，使公众为应对突发事件做好准备，并为行政机关采取应急措施提供合法性。各类突发事件都应当建立健全预警制度，但应当建立预警级别的突发事件是自然灾害、事故灾难和公共卫生事件。本条授权由国务院或者国务院规定的部门制定预警级别的划分标准。以台风预警发布为例，根据《气象灾害预警信号发布与传播办法》规定，台风预警信号分四级，分别以蓝色、黄色、橙色和红色标示。 **关联法规** 《防震减灾法》第15条；《气象法》第32条；《传染病防治法》第20条

41

续表

2007年《中华人民共和国突发事件应对法》	2024年《中华人民共和国突发事件应对法》	重点解读
第四十三条 可以预警的自然灾害、事故灾难或者公共卫生事件即将发生或者发生的可能性增大时，县级以上地方各级人民政府应当根据有关法律、行政法规和国务院规定的权限和程序，发布相应级别的警报，决定并宣布有关地区进入预警期，同时向上一级人民政府报告，必要时可以越级上报，并向当地驻军和可能受到危害的毗邻或者相关地区的人民政府通报。	第六十四条 可以预警的自然灾害、事故灾难或者公共卫生事件即将发生或者发生的可能性增大时，县级以上地方人民政府应当根据有关法律、行政法规和国务院规定的权限和程序，发布相应级别的警报，决定并宣布有关地区进入预警期，同时向上一级人民政府报告，必要时可以越级上报；**具备条件的，应当进行网络直报或者自动速报**；同时向当地驻军和可能受到危害的毗邻或者相关地区的人民政府通报。 **发布警报应当明确预警类别、级别、起始时间、可能影响的范围、警示事项、应当采取的措施、发布单位和发布时间等。**	本条是关于警报信息发布、报告和通报的规定。 本次修订新增了"网络直报和自动速度"的内容，与第19条等规定相衔接。 本条第2款关于发布警报应明确的信息的规定是本次修订新增内容，规定发布警报应明确预警级别、时间等信息有利于预警工作的开展，便于采取突发事件应对措施。 **关联法规** 《防洪法》第41条；《传染病防治法》第19条
	第六十五条 国家建立健全突发事件预警发布平台，按照有关规定及时、准确向社会发布突发事件预警信息。 广播、电视、报刊以	本条是关于预警信息发布要求的规定，是新增条文。 本条明确了三个主体的预警发布要求与义务：一是国家有关部门在突发事件预

续表

2007年《中华人民共和国突发事件应对法》	2024年《中华人民共和国突发事件应对法》	重点解读
	及网络服务提供者、电信运营商应当按照国家有关规定，建立突发事件预警信息快速发布通道，及时、准确、无偿播发或者刊载突发事件预警信息。 公共场所和其他人员密集场所，应当指定专门人员负责突发事件预警信息接收和传播工作，做好相关设备、设施维护，确保突发事件预警信息及时、准确接收和传播。	警发布平台及时、准确向社会发布的义务。二是广播、电视、报刊以及网络服务提供者、电信运营商按要求配合发布的义务。三是公共场所和其他人员密集场所专门人员接收和传播的义务。具体来看，本条规定旨在积极拓展突发事件预警发布渠道，健全预警发布平台。 **关联法规** 《疫苗管理法》第50条；《生物安全法》第41条
第四十四条　发布三级、四级警报，宣布进入预警期后，县级以上地方各级人民政府应当根据即将发生的突发事件的特点和可能造成的危害，采取下列措施： （一）启动应急预案； （二）责令有关部门、专业机构、监测网点和负有特定职责的人员及时收集、报告有关信息，向社会公布反映突发事件信息的渠道，加强对突发事件发生、发展情况的监测、预报和预警工作；	第六十六条　发布三级、四级警报，宣布进入预警期后，县级以上地方人民政府应当根据即将发生的突发事件的特点和可能造成的危害，采取下列措施： （一）启动应急预案； （二）责令有关部门、专业机构、监测网点和负有特定职责的人员及时收集、报告有关信息，向社会公布反映突发事件信息的渠道，加强对突发事件发生、发展情况的监测、预报和预警工作；	本条是关于三级、四级预警措施的规定。 三级、四级预警是相对较低的预警级别。根据三级、四级警报所预警的突发事件的紧急程度、发展态势和可能造成的危害，发布三级、四级警报后，政府采取的主要是一些预防、警示、劝导性措施，目的是尽可能避免突发事件发生，或者是提前做好充分准备，将损害减至最小。 **关联法规** 《海洋环境保护法》第28条

续表

2007年《中华人民共和国突发事件应对法》	2024年《中华人民共和国突发事件应对法》	重点解读
（三）组织有关部门和机构、专业技术人员、有关专家学者，随时对突发事件信息进行分析评估，预测发生突发事件可能性的大小、影响范围和强度以及可能发生的突发事件的级别； （四）定时向社会发布与公众有关的突发事件预测信息和分析评估结果，并对相关信息的报道工作进行管理； （五）及时按照有关规定向社会发布可能受到突发事件危害的警告，宣传避免、减轻危害的常识，公布咨询电话。	（三）组织有关部门和机构、专业技术人员、有关专家学者，随时对突发事件信息进行分析评估，预测发生突发事件可能性的大小、影响范围和强度以及可能发生的突发事件的级别； （四）定时向社会发布与公众有关的突发事件预测信息和分析评估结果，并对相关信息的报道工作进行管理； （五）及时按照有关规定向社会发布可能受到突发事件危害的警告，宣传避免、减轻危害的常识，公布咨询**或者求助**电话**等联络方式和渠道**。	
第四十五条 发布一级、二级警报，宣布进入预警期后，县级以上地方各级人民政府除采取本法第四十四条规定的措施外，还应当针对即将发生的突发事件的特点和可能造成的危害，采取下列一项或者多项措施： （一）责令应急救援队伍、负有特定职责的人	第六十七条 发布一级、二级警报，宣布进入预警期后，县级以上地方人民政府除采取本法第六十六条规定的措施外，还应当针对即将发生的突发事件的特点和可能造成的危害，采取下列一项或者多项措施： （一）责令应急救援队伍、负有特定职责的人	本条是关于一级、二级警报措施的规定。 一级、二级预警相对于三级、四级预警而言级别更高，突发事件即将发生的时间更为紧迫，事件发展态势已经一触即发，人民生命财产安全即将面临威胁。发布一级、二级警报，宣布进入预警期，此时已处于突发事件可能发生的临界点。特别

第四章 监测与预警

续表

2007 年《中华人民共和国突发事件应对法》	2024 年《中华人民共和国突发事件应对法》	重点解读
员进入待命状态,并动员后备人员做好参加应急救援和处置工作的准备; (二)调集应急救援所需物资、设备、工具,准备应急设施和避难场所,并确保其处于良好状态、随时可以投入正常使用; (三)加强对重点单位、重要部位和重要基础设施的安全保卫,维护社会治安秩序; (四)采取必要措施,确保交通、通信、供水、排水、供电、供气、供热等公共设施的安全和正常运行; (五)及时向社会发布有关采取特定措施避免或者减轻危害的建议、劝告; (六)转移、疏散或者撤离易受突发事件危害的人员并予以妥善安置,转移重要财产; (七)关闭或者限制使用易受突发事件危害的场所,控制或者限制容易导致危害扩大的公共场所	员进入待命状态,并动员后备人员做好参加应急救援和处置工作的准备; (二)调集应急救援所需物资、设备、工具,准备应急设施和**应急避难、封闭隔离、紧急医疗救治等**场所,并确保其处于良好状态、随时可以投入正常使用; (三)加强对重点单位、重要部位和重要基础设施的安全保卫,维护社会治安秩序; (四)采取必要措施,确保交通、通信、供水、排水、供电、供气、供热、**医疗卫生、广播电视、气象**等公共设施的安全和正常运行; (五)及时向社会发布有关采取特定措施避免或者减轻危害的建议、劝告; (六)转移、疏散或者撤离易受突发事件危害的人员并予以妥善安置,转移重要财产; (七)关闭或者限制使用易受突发事件危害的	是发布一级警报,意味着应对突发事件进入最高警戒级别。综合本条和第 66 条来看,可采取的措施主要有八种,县级以上地方人民政府应结合突发事件的特点和可能造成的危害具体采取有关措施。 **关联法规** 《国家核应急预案》;《核电厂核事故应急管理条例》第 20 条

45

续表

2007年《中华人民共和国突发事件应对法》	2024年《中华人民共和国突发事件应对法》	重点解读
的活动； （八）法律、法规、规章规定的其他必要的防范性、保护性措施。	场所，控制或者限制容易导致危害扩大的公共场所的活动； （八）法律、法规、规章规定的其他必要的防范性、保护性措施。	
	第六十八条 发布警报，宣布进入预警期后，县级以上人民政府应当对重要商品和服务市场情况加强监测，根据实际需要及时保障供应、稳定市场。必要时，国务院和省、自治区、直辖市人民政府可以按照《中华人民共和国价格法》等有关法律规定采取相应措施。	本条明确了重要商品和服务市场情况的监测及应对措施，是新增条文。 重要商品和服务市场情况监测预警，是指县级以上人民政府价格主管部门对重要商品和服务的价格、成本、市场供求等变动情况，进行跟踪、采集、调查、分析、预测、报告、发布及警示等活动。 **关联法规** 《价格法》第1、30条；《网络安全法》第58条
第四十六条 对即将发生或者已经发生的社会安全事件，县级以上地方各级人民政府及其有关主管部门应当按照规定向上一级人民政府及其有关主管部门报告，必要时可以越级上报。	第六十九条 对即将发生或者已经发生的社会安全事件，县级以上地方人民政府及其有关主管部门应当按照规定向上一级人民政府及其有关主管部门报告，必要时可以越级上报，**具备条件的，应当进行网络直报或者自动速报**。	本条是关于社会安全事件报告制度的规定，本条新增了"网络直报或者自动速报"的规定，有利于提高报告效率，打通信息报告上行渠道，与第17条、第64条的规定相配合。 **关联法规** 《防震减灾法》第52条；《网络安全法》第58条

续表

2007年《中华人民共和国突发事件应对法》	2024年《中华人民共和国突发事件应对法》	重点解读
第四十七条 发布突发事件警报的人民政府应当根据事态的发展，按照有关规定适时调整预警级别并重新发布。 有事实证明不可能发生突发事件或者危险已经解除的，发布警报的人民政府应当立即宣布解除警报，终止预警期，并解除已经采取的有关措施。	第七十条 发布突发事件警报的人民政府应当根据事态的发展，按照有关规定适时调整预警级别并重新发布。 有事实证明不可能发生突发事件或者危险已经解除的，发布警报的人民政府应当立即宣布解除警报，终止预警期，并解除已经采取的有关措施。	本条是关于预警级别调整和警报解除的有关规定。 **关联法规** 《国家通信保障应急预案》；《气象法》第22条第2款
第四章 应急处置与救援	第五章 应急处置与救援	
	第七十一条 国家建立健全突发事件应急响应制度。 突发事件的应急响应级别，按照突发事件的性质、特点、可能造成的危害程度和影响范围等因素分为一级、二级、三级和四级，一级为最高级别。 突发事件应急响应级别划分标准由国务院或者国务院确定的部门制定。县级以上人民政府及其有关部门应当在突发事件应急预案中确定应急响应级别。	本条是关于突发事件应急响应制度的规定，本条的核心在于建立一个层级分明、反应迅速的国家级突发事件应急响应制度。这一制度的建构基于以往对突发事件处理经验的总结，意在通过法律手段确保相关部门在突发事件发生时能够依据预定的程序和级别进行响应。 **关联法规** 《防震减灾法》第47条；《国家突发公共事件总体应急预案》
第四十八条 突发事件发生后，履行统一领导	第七十二条 突发事件发生后，履行统一领导	本条是关于采取应急措施要求的规定。

47

续表

2007年《中华人民共和国突发事件应对法》	2024年《中华人民共和国突发事件应对法》	重点解读
职责或者组织处置突发事件的人民政府应当针对其性质、特点和危害程度，立即组织有关部门，调动应急救援队伍和社会力量，依照本章的规定和有关法律、法规、规章的规定采取应急处置措施。	职责或者组织处置突发事件的人民政府应当针对其性质、特点、危害程度和**影响范围等**，立即**启动应急响应**，组织有关部门，调动应急救援队伍和社会力量，依照法律、法规、规章和**应急预案**的规定，采取应急处置措施，**并向上级人民政府报告；必要时，可以设立现场指挥部，负责现场应急处置与救援，统一指挥进入突发事件现场的单位和个人。** **启动应急响应，应当明确响应事项、级别、预计期限、应急处置措施等。** **履行统一领导职责或者组织处置突发事件的人民政府，应当建立协调机制，提供需求信息，引导志愿服务组织和志愿者等社会力量及时有序参与应急处置与救援工作。**	本条第1款规定了人民政府针对突发事件的进行判断的几个要素，对于履行统一领导职责或者组织处置突发事件的人民政府还明确了"向上级人民政府报告"的职责，其作用主要是加强信息上报和沟通机制，确保突发事件应对过程中各级政府之间的信息透明度和响应的协调一致性。本条第2、3款对突发事件的应急响应流程和社会参与机制进行了明确和细化。第2款强调在启动应急响应时，必须明确响应事项、级别、期限和应急处置措施等关键信息，确保应急响应的具体性和可操作性。第3款侧重于应急响应中的社会协调与合作，特别是对志愿服务组织和志愿者的引导和利用。 **关联法规** 《传染病防治法》第20条；《突发公共卫生事件应急条例》第11条；《自然灾害救助条例》第8条
第四十九条 自然灾害、事故灾难或者公共卫生事件发生后，履行统一	第七十三条 自然灾害、事故灾难或者公共卫生事件发生后，履行统一	本条是关于自然灾害、事故灾难或者公共卫生事件发生后的应急处置措施的规

第五章 应急处置与救援

续表

2007年《中华人民共和国突发事件应对法》	2024年《中华人民共和国突发事件应对法》	重点解读
领导职责的人民政府**可以**采取下列一项或者多项应急处置措施： （一）组织营救和救治受害人员，疏散、撤离并妥善安置受到威胁的人员以及采取其他救助措施； （二）迅速控制危险源，标明危险区域，封锁危险场所，划定警戒区，实行交通管制以及其他控制措施； （三）立即抢修被损坏的交通、通信、供水、排水、供电、供气、供热等公共设施，向受到危害的人员提供避难所和生活必需品，实施医疗救护和卫生防疫以及其他保障措施； （四）禁止或者限制使用有关设备、设施，关闭或者限制使用有关场所，中止人员密集的活动或者可能导致危害扩大的生产经营活动以及采取其他保护措施； （五）启用本级人民政府设置的财政预备费和储备的应急救援物资，必	领导职责的人民政府**应当**采取下列一项或者多项应急处置措施： （一）组织营救和救治受害人员，**转移**、疏散、撤离并妥善安置受到威胁的人员以及采取其他救助措施； （二）迅速控制危险源，标明危险区域，封锁危险场所，划定警戒区，实行交通管制、**限制人员流动、封闭管理**以及其他控制措施； （三）立即抢修被损坏的交通、通信、供水、排水、供电、供气、供热、**医疗卫生、广播电视、气象**等公共设施，向受到危害的人员提供避难场所和生活必需品，实施医疗救护和卫生防疫以及其他保障措施； （四）禁止或者限制使用有关设备、设施，关闭或者限制使用有关场所，中止人员密集的活动或者可能导致危害扩大的生产经营活动以及采取其他保护措施； （五）启用本级人民	定。本次修订将"可以采取"改为"应当采取"，体现了强制性，要求人民政府应当履责尽责。 第1项措施是人身救助性措施。第2项措施是针对场所的控制性措施。第3项措施是保障性措施。第4项措施是保护性措施。第5项措施是关于启用财政预备费的问题，预备费是最常规的应急手段。第6项措施是组织公民、法人和其他组织参加应急救援和处置工作，要求具有特定专长的人员提供服务。第7项措施是"保障食品、饮用水、药品、燃料等基本生活必需品的供应"。第8项措施是一种经济性管制应急措施，其目的是稳定市场价格，维护市场秩序。第9项措施是要求有关部门采取坚决、有效的措施，防止有人利用现场混乱之机趁火打劫、哄抢财物，维护社会治安，稳定社会秩序。第10项措施是本次修订新增的内容，要求应对自然灾害、事故灾害或公共卫生事件时，同时要兼顾环境、水源、生态的妥善处理。第11项

49

续表

2007年《中华人民共和国突发事件应对法》	2024年《中华人民共和国突发事件应对法》	重点解读
要时调用其他急需物资、设备、设施、工具； （六）组织公民参加应急救援和处置工作，要求具有特定专长的人员提供服务； （七）保障食品、饮用水、燃料等基本生活必需品的供应； （八）依法从严惩处囤积居奇、哄抬物价、制假售假等扰乱市场秩序的行为，**稳定市场价格**，维护市场秩序； （九）依法从严惩处哄抢财物、干扰破坏应急处置工作等扰乱社会秩序的行为，维护社会治安； （十）采取防止发生次生、衍生事件的必要措施。	政府设置的财政预备费和储备的应急救援物资，必要时调用其他急需物资、设备、设施、工具； （六）组织公民、**法人和其他组织**参加应急救援和处置工作，要求具有特定专长的人员提供服务； （七）保障食品、饮用水、**药品**、燃料等基本生活必需品的供应； （八）依法从严惩处囤积居奇、哄抬**价格、牟取暴利**、制假售假等扰乱市场秩序的行为，维护市场秩序； （九）依法从严惩处哄抢财物、干扰破坏应急处置工作等扰乱社会秩序的行为，维护社会治安； **（十）开展生态环境应急监测，保护集中式饮用水水源地等环境敏感目标，控制和处置污染物；** （十一）采取防止发生次生、衍生事件的必要措施。	措施中的"次生事件"，是指在突发事件的灾害链中由原生事件诱导的、第二次生成的、间接造成的事件。"衍生事件"，是指由原生事件派生出来的、第三次生成的、因繁衍变化而发生的一系列事件。 **关联法规** 《防震减灾法》第50、63条；《预算法》第40条；《消防法》第33条；《传染病防治法》第39~44条；《价格法》第30、31条；《突发公共卫生事件应急条例》第33、34条；《破坏性地震应急条例》第25~31条；《自然灾害救助条例》第14条
第五十条 社会安全事件发生后，组织处置工作的人民政府应当立即组	第七十四条 社会安全事件发生后，组织处置工作的人民政府应当立即	与2007年《突发事件应对法》相比，本条第1款减少了公安机关面对"严重

续表

2007年《中华人民共和国突发事件应对法》	2024年《中华人民共和国突发事件应对法》	重点解读
织有关部门并由公安机关针对事件的性质和特点，依照有关法律、行政法规和国家其他有关规定，采取下列一项或者多项应急处置措施： （一）强制隔离使用器械相互对抗或者以暴力行为参与冲突的当事人，妥善解决现场纠纷和争端，控制事态发展； （二）对特定区域内的建筑物、交通工具、设备、设施以及燃料、燃气、电力、水的供应进行控制； （三）封锁有关场所、道路，查验现场人员的身份证件，限制有关公共场所内的活动； （四）加强对易受冲击的核心机关和单位的警卫，在国家机关、军事机关、国家通讯社、广播电台、电视台、外国驻华使领馆等单位附近设置临时警戒线； （五）法律、行政法规和国务院规定的其他必要措施。	启动应急响应，组织有关部门针对事件的性质和特点，依照有关法律、行政法规和国家其他有关规定，采取下列一项或者多项应急处置措施： （一）强制隔离使用器械相互对抗或者以暴力行为参与冲突的当事人，妥善解决现场纠纷和争端，控制事态发展； （二）对特定区域内的建筑物、交通工具、设备、设施以及燃料、燃气、电力、水的供应进行控制； （三）封锁有关场所、道路，查验现场人员的身份证件，限制有关公共场所内的活动； （四）加强对易受冲击的核心机关和单位的警卫，在国家机关、军事机关、国家通讯社、广播电台、电视台、外国驻华使领馆等单位附近设置临时警戒线； （五）法律、行政法规和国务院规定的其他必要措施。	危害社会治安秩序的事件发生时"采取强制性措施的内容，意味着立法机关意图强化法律主体对应急管理的整体性和多元性。这种变化反映出一个更广泛的视角，即在处理社会安全事件时，不要仅依赖公安机关的直接介入，还要通过更加综合的政府响应来确保秩序和安全。鼓励采用更多元化的应对策略，包括政治、社会、技术和法律手段等，从而减少单一警力介入带来的潜在风险。 **关联法规** 《人民武装警察法》第4条；《戒严法》第14、18条；《数据安全法》第23条

续表

2007年《中华人民共和国突发事件应对法》	2024年《中华人民共和国突发事件应对法》	重点解读
严重危害社会治安秩序的事件发生时，公安机关应当立即依法出动警力，根据现场情况依法采取相应的强制性措施，尽快使社会秩序恢复正常。		
第五十一条 发生突发事件，严重影响国民经济正常运行时，国务院或者国务院授权的有关主管部门可以采取保障、控制等必要的应急措施，保障人民群众的基本生活需要，最大限度地减轻突发事件的影响。	第七十五条 发生突发事件，严重影响国民经济正常运行时，国务院或者国务院授权的有关主管部门可以采取保障、控制等必要的应急措施，保障人民群众的基本生活需要，最大限度地减轻突发事件的影响。	本条是关于对严重影响国民经济事件的应急处置措施的规定。 严重影响国民经济正常运行的突发事件，是指具有影响全国或某一局部区域的经济社会秩序稳定，妨碍国民经济正常运转，并对经济社会安全构成危险的经济类危机事件。常见的类型有银行挤兑、股市暴跌、金融机构破产、金融危机等。 突发事件严重影响国民经济正常运行时，可以采取的应急措施很多，本条作了概括性规定。在实践中常见的应对措施有经济措施、行政措施等。为适应建立社会主义市场经济体制的需要，我国制定了银行、证券、保险、税收、外汇等经济方面的法律、法规，建立了各种经济调控措施和监管制度，

2007年《中华人民共和国突发事件应对法》	2024年《中华人民共和国突发事件应对法》	重点解读
		规定了各种宏观调控时采取的措施。 **关联法规** 《安全生产法》第40条；《税收征收管理法》第3条；《中国人民银行法》第23、32条；《水污染防治法》第78条；《外汇管理条例》第38条
第五十二条　履行统一领导职责或者组织处置突发事件的人民政府，必要时可以向单位和个人征用应急救援所需设备、设施、场地、交通工具和其他物资，请求其他地方人民政府提供人力、物力、财力或者技术支援，要求生产、供应生活必需品和应急救援物资的企业组织生产、保证供给，要求提供医疗、交通等公共服务的组织提供相应的服务。 履行统一领导职责或者组织处置突发事件的人民政府，应当组织协调运输经营单位，优先运送处置突发事件所需物资、设备、工具、应急救援人员和受到突发事件危害的人员。	第七十六条　履行统一领导职责或者组织处置突发事件的人民政府**及其有关部门**，必要时可以向单位和个人征用应急救援所需设备、设施、场地、交通工具和其他物资，请求其他地方人民政府**及其有关部门**提供人力、物力、财力或者技术支援，要求生产、供应生活必需品和应急救援物资的企业组织生产、保证供给，要求提供医疗、交通等公共服务的组织提供相应的服务。 履行统一领导职责或者组织处置突发事件的人民政府**和有关主管部门**，应当组织协调运输经营单位，优先运送处置突发事	本条是关于在突发事件发生时，履行统一领导职责或组织处置突发事件的人民政府及其有关部门拥有的应急权力和责任的规定。 本条明确了政府在应对重大突发事件中的协调和指挥作用，包括在必要时征用民间资源、请求跨地区支援，以及确保关键物资和服务的供应。与2007年《突发事件应对法》相比，本法扩大了履职主体范围，增加了"有关部门"，体现履职主体的多元化。 本条第1款规定的"必要时"是指在突发事件应对过程中，根据实际情况和应急需求，现有资源和能力不足以有效应对突发事件时。 履行统一领导、组织各

续表

2007年《中华人民共和国突发事件应对法》	2024年《中华人民共和国突发事件应对法》	重点解读
	件所需物资、设备、工具、应急救援人员和受到突发事件危害的人员。 **履行统一领导职责或者组织处置突发事件的人民政府及其有关部门，应当为受突发事件影响无人照料的无民事行为能力人、限制民事行为能力人提供及时有效帮助；建立健全联系帮扶应急救援人员家庭制度，帮助解决实际困难。**	方面应急职责的主体是各级人民政府及其有关部门。 本条第3款为新增内容，着重强化了对特定弱势群体的保护以及对应急救援人员及其家庭的支持。这一新增条款体现了法律对于全面应急响应体系的深化和完善，特别是在关注那些在突发事件中可能无法保护自己的个体，以及确保那些参与救援工作的人员能得到适当的关怀和支持。 **关联法规** 《宪法》第13条；《民法典》第117、327条；《防震减灾法》第51、59、63条；《防洪法》第45条；《传染病防治法》第45条
第五十五条 突发事件发生地的居民委员会、村民委员会和其他组织应当按照当地人民政府的决定、命令，进行宣传动员，组织群众开展自救和互救，协助维护社会秩序。	第七十七条 突发事件发生地的居民委员会、村民委员会和其他组织应当按照当地人民政府的决定、命令，进行宣传动员，组织群众开展自救与互救，协助维护社会秩序；**情况紧急的，应当立即组织群众开展自救与互救等先期处置工作。**	本条是关于在突发事件发生时，居民委员会、村民委员会以及其他基层组织的具体职责和行动指南的规定。 本条提到的"其他组织"包括工会、共青团、妇联等群众人民团体。"情况紧急"是指在突发事件发生时，局势发展迅速且危及到

第五章 应急处置与救援

续表

2007年《中华人民共和国突发事件应对法》	2024年《中华人民共和国突发事件应对法》	重点解读
		人们生命财产安全,迫切需要立即采取行动的状态。这种情况下,专业救援力量可能尚未到达,或需要一定时间才能到达现场,而此时如果不立即采取应急措施,可能会导致更大的损失或灾难。具体而言,情况紧急包括但不限于以下情形:自然灾害、事故灾难、公共卫生事件、社会安全事件等。 **关联法规** 《国防动员法》第47条;《地质灾害防治条例》第29条;《突发公共卫生事件应急条例》第40条
第五十六条 受到自然灾害危害或者发生事故灾难、公共卫生事件的单位,应当立即组织本单位应急救援队伍和工作人员营救受害人员,疏散、撤离、安置受到威胁的人员,控制危险源,标明危险区域,封锁危险场所,并采取其他防止危害扩大的必要措施,同时向所在地县级人民政府报告;对因本单位的问题引发的或	**第七十八条** 受到自然灾害危害或者发生事故灾难、公共卫生事件的单位,应当立即组织本单位应急救援队伍和工作人员营救受害人员,疏散、撤离、安置受到威胁的人员,控制危险源,标明危险区域,封锁危险场所,并采取其他防止危害扩大的必要措施,同时向所在地县级人民政府报告;对因本单位的问题引发的或	本条是关于在自然灾害、事故灾难或公共卫生事件发生时,受影响单位的具体职责和行动指南的规定。 根据本条第1款的规定,突发事件发生地有关单位是应急处置的"第一责任人"。事故单位的自我救援是突发事件应对管理的有效措施,事故单位是直接受害者,比政府及其他单位更清楚突发事件的具体情况。任何遭受此类事件影响的单位

续表

2007 年《中华人民共和国突发事件应对法》	2024 年《中华人民共和国突发事件应对法》	重点解读
者主体是本单位人员的社会安全事件，有关单位应当按照规定上报情况，并迅速派出负责人赶赴现场开展劝解、疏导工作。 突发事件发生地的其他单位应当服从人民政府发布的决定、命令，配合人民政府采取的应急处置措施，做好本单位的应急救援工作，并积极组织人员参加所在地的应急救援和处置工作。	者主体是本单位人员的社会安全事件，有关单位应当按照规定上报情况，并迅速派出负责人赶赴现场开展劝解、疏导工作。 突发事件发生地的其他单位应当服从人民政府发布的决定、命令，配合人民政府采取的应急处置措施，做好本单位的应急救援工作，并积极组织人员参加所在地的应急救援和处置工作。	都必须迅速动员自身的应急救援队伍和工作人员，执行救助受伤或受威胁的人员、疏散和安置处于危险中的人员、控制和标识危险源以及封锁危险区域、紧急情况下向地方政府报告等任务。 本条第 2 款指出，突发事件发生地的其他单位也应遵从地方政府的决定和命令，积极配合政府采取的应急处置措施。这一规定确保了在突发事件发生时，除行政机关外所有受影响的其他单位都能够在第一时间内采取有效的应急响应措施，最大程度地保护单位的人民生命财产安全并协助维持社会秩序。 **关联法规** 《大气污染防治法》第 20 条；《矿山安全法》第 36 条；《破坏性地震应急条例》第 31 条；《特种设备安全监察条例》第 66 条第 1 款；《危险化学品安全管理条例》第 51 条
第五十七条　突发事件发生地的公民应当服从人民政府、居民委员会、	**第七十九条**　突发事件发生地的**个人**应当**依法**服从人民政府、居民委员	本条是关于突发事件发生时发生地个人必须履行的具体义务的规定。

续表

2007年《中华人民共和国突发事件应对法》	2024年《中华人民共和国突发事件应对法》	重点解读
村民委员会或者所属单位的指挥和安排，配合人民政府采取的应急处置措施，积极参加应急救援工作，协助维护社会秩序。	会、村民委员会或者所属单位的指挥和安排，配合人民政府采取的应急处置措施，积极参加应急救援工作，协助维护社会秩序。	本次修订增加了"依法"二字，要求个人要在遵守法律的基础上，服从指挥和安排，确保在突发事件处理中有序的行动和决策的执行。 本条中的"应急处置措施"包括但不限于遵守安全指示、参与疏散和救援等。本条规定的"参加救援工作"是突发事件中个人义务的中心内容，参与应急救援工作，这不仅包括参与救援行动，还包括提供信息、帮助疏导其他公民等。 **关联法规** 《突发公共卫生事件应急条例》第9条
	第八十条 国家支持城乡社区组织健全应急工作机制，强化城乡社区综合服务设施和信息平台应急功能，加强与突发事件信息系统数据共享，增强突发事件应急处置中保障群众基本生活和服务群众能力。	本条是关于加强城乡社区应急机制和信息功能的规定，是新增条文。 本条中的"城乡社区"是指中国城市和乡村地区的基层群众性自治组织。 本条的核心在于通过建立和完善社区级别的应急工作机制，强化社区综合服务设施和信息平台的应急功能，来提高社区对突发事件

续表

2007年《中华人民共和国突发事件应对法》	2024年《中华人民共和国突发事件应对法》	重点解读
		的快速反应、处理能力和保障群众基本生活和服务群众能力。 本条还规定要加强社区与国家突发事件信息系统之间的数据共享，确保在发生突发事件时社区能够获取到最新、最准确的信息，并据此采取相应措施。 **关联法规** 《居民委员会组织法》第3条；《村民委员会组织法》第2、5条；《突发公共卫生事件应急条例》第40条
	第八十一条 国家采取措施，加强心理健康服务体系和人才队伍建设，支持引导心理健康服务人员和社会工作者对受突发事件影响的各类人群开展心理健康教育、心理评估、心理疏导、心理危机干预、心理行为问题诊治等心理援助工作。	本条是关于国家聚焦于提升公共心理健康服务体系和相关人才队伍建设方面的行动与责任的规定。本条的核心目的是通过国家层面的措施，增强心理健康服务能力，尤其是在突发事件发生后对受影响人群提供必要的心理支持和干预。 国家对心理健康服务人员和社会工作者的支持与引导的形式，包括但不限于提供专业培训、增设岗位、改善工作条件和提高从业者待遇等，目的是构建一个稳定

续表

2007年《中华人民共和国突发事件应对法》	2024年《中华人民共和国突发事件应对法》	重点解读
		且专业的心理健康服务人才队伍。 **关联法规** 《精神卫生法》第19、20、50条;《基本医疗卫生与健康促进法》第28条;《国家卫生计生委、中宣部、中央综治办等关于加强心理健康服务的指导意见》
	第八十二条 对于突发事件遇难人员的遗体,应当按照法律和国家有关规定,科学规范处置,加强卫生防疫,维护逝者尊严。对于逝者的遗物应当妥善保管。	本条是关于科学处置遗体及妥善管理遗物的规定。 本条旨在确保在处理突发事件遇难者遗体和遗物的过程中,能够平衡人道关怀和公共安全的需要,并保护遇难者及其家属的合法权益。 **关联法规** 《医疗事故处理条例》第19条;《人体器官捐献和移植条例》第9、19条;《殡葬管理条例》第5、13条;《重大突发事件遇难人员遗体处置工作规程》
	第八十三条 县级以上人民政府及其有关部门根据突发事件应对工作需要,在履行法定职责所必需的范围和限度内,可以	本条是关于突发事件中信息收集与保密的具体要求的规定。 本条规定的"根据突发事件应对管理工作需要"是

续表

2007年《中华人民共和国突发事件应对法》	2024年《中华人民共和国突发事件应对法》	重点解读
	要求公民、法人和其他组织提供应急处置与救援需要的信息。公民、法人和其他组织应当予以提供，法律另有规定的除外。县级以上人民政府及其有关部门对获取的相关信息，应当严格保密，并依法保护公民的通信自由和通信秘密。	指在突发事件的处置过程中，政府及其有关部门为了实现有效的应急管理和救援工作，必须收集和掌握各种必要的信息，以支持决策、资源调配、风险评估、公众告知和协调合作等方面的工作。 本条强调了对信息的保密和合法运用的重要性，政府可以要求提供信息，但必须严格遵守法律规定，防止信息的滥用或泄露，保护信息提供者的隐私和法律权益。此规定有助于构建公众对应急处置措施的信任，并增强对个人权益的保护。 **关联法规** 《民法典》第111条；《个人信息保护法》第33、35条
	第八十四条　在突发事件应急处置中，有关单位和个人因依照本法规定配合突发事件应对工作或者履行相关义务，需要获取他人个人信息的，应当依照法律规定的程序和方式取得并确保信息安全，不得非法收集、使用、加工、传输他人个人信息，	本条是关于合法收集和保护个人信息的规定。 个人信息指的是以电子或其他方式记录的能够单独或者与其他信息结合识别特定自然人身份或者反映特定自然人活动情况的各种信息。 本条的核心要点在于，在应对突发事件中相关单位

续表

2007 年《中华人民共和国突发事件应对法》	2024 年《中华人民共和国突发事件应对法》	重点解读
	不得非法买卖、提供或者公开他人个人信息。	和个人在需要使用他人个人信息时必须依法进行，严格按照法律规定的程序和方式来操作。 　　值得注意的是，本条首先规定任何单位和个人在突发事件应急处置中，如果需要获取他人的个人信息以配合应急响应或履行其法定义务，须确保这一过程符合法律要求，包括获取信息的合法性、必要性以及操作的正确性。 **关联法规** 《个人信息保护法》第33条；《民法典》第1034、1035条
	第八十五条　因依法履行突发事件应对工作职责或者义务获取的个人信息，只能用于突发事件应对，并在突发事件应对工作结束后予以销毁。确因依法作为证据使用或者调查评估需要留存或者延期销毁的，应当按照规定进行合法性、必要性、安全性评估，并采取相应保护和处理措施，严格依法使用。	本条规定细化了在突发事件应对管理中获取个人信息的使用以及事后的保管、销毁处理，强调对个人隐私的保护以及信息的合法使用。本条规定旨在确保在应急管理过程中，个人信息的收集和使用严格限定于突发事件的应对管理之内，并在任务完成后进行妥善处理，以防止信息滥用和泄露。 　　本条规定始终贯穿了合法性、必要性、安全性原则，

续表

2007年《中华人民共和国突发事件应对法》	2024年《中华人民共和国突发事件应对法》	重点解读
		确保了信息处理的每一步都符合法定目的，防止滥用职权和任意行为。通过严格的程序和措施，保障了个人信息的合法使用和保护，体现了行政法的基本精神和要求。 **关联法规** 《个人信息保护法》第47条；《网络安全法》第43条；《治安管理处罚法》第42条；《刑法》第253条之一
第五章　事后恢复与重建	第六章　事后恢复与重建	
第五十八条　突发事件的威胁和危害得到控制或者消除后，履行统一领导职责或者组织处置突发事件的人民政府应当停止执行依照本法规定采取的应急处置措施，同时采取或者继续实施必要措施，防止发生自然灾害、事故灾难、公共卫生事件的次生、衍生事件或者重新引发社会安全事件。	第八十六条　突发事件的威胁和危害得到控制或者消除后，履行统一领导职责或者组织处置突发事件的人民政府应当**宣布解除应急响应**，停止执行依照本法规定采取的应急处置措施，同时采取或者继续实施必要措施，防止发生自然灾害、事故灾难、公共卫生事件的次生、衍生事件或者重新引发社会安全事件，**组织受影响地区尽快恢复社会秩序**。	本条是关于突发事件威胁和危害得到控制或者消除后应急处置措施的停止和后续工作，两项均由履行统一领导职责或组织处置突发事件的人民政府负责的规定。 本条的核心在于强调了突发事件处置后续阶段的重要性，政府仍然不能对突发事件所遗留下来的各种有害因素掉以轻心，本次修订增加了"宣布解除应急响应"的规定。 本条中"必要的措施"指的是在突发事件主要威胁

第六章 事后恢复与重建

续表

2007年《中华人民共和国突发事件应对法》	2024年《中华人民共和国突发事件应对法》	重点解读
		和危害得到控制或消除后，仍需采取或继续实施的行动，以防止次生、衍生事件或重新引发社会安全事件，并确保受影响地区尽快恢复正常的社会秩序。具体而言，这些措施包括但不限于以下几类：（1）次生灾害防范措施；（2）环境恢复和治理；（3）公共卫生防控措施；（4）社会安全稳定措施；（5）基础设施修复和重建；（6）心理疏导和社会支持；（7）法律和政策措施；（8）资源调配和管理；（9）信息公开和公众沟通。 **关联法规** 《治安管理处罚法》第50条；《环境保护法》第42、52条；《传染病防治法》第38条；《防洪法》第31条、第50条；《消防法》第42条；《水法》第42条；《突发公共卫生事件应急条例》第43条
第五十九条 突发事件应急处置工作结束后，履行统一领导职责的人民政府应当立即组织对突发事件造成的损失进行评估，组织受影响地区尽快	第八十七条 突发事件应急处置工作结束后，履行统一领导职责的人民政府应当立即组织对突发事件造成的**影响和损失**进行调查评估，制定恢复重	本条是关于突发事件应急处置工作后的损失评估和组织恢复重建工作的规定。 本条规定的"造成的影响和损失进行调查和评估"，是查清突发事件所造成的各

63

续表

2007年《中华人民共和国突发事件应对法》	2024年《中华人民共和国突发事件应对法》	重点解读
恢复生产、生活、工作和社会秩序，制定恢复重建计划，并向上一级人民政府报告。 受突发事件影响地区的人民政府应当及时组织和协调公安、交通、铁路、民航、邮电、建设等有关部门恢复社会治安秩序，尽快修复被损坏的交通、通信、供水、排水、供电、供气、供热等公共设施。	建计划，并向上一级人民政府报告。 受突发事件影响地区的人民政府应当及时组织和协调**应急管理**、**卫生健康**、公安、交通、铁路、民航、**邮政**、**电信**、建设、**生态环境**、**水利**、**能源**、**广播电视**等有关部门恢复社会秩序，尽快修复被损坏的交通、通信、供水、排水、供电、供气、供热、**医疗卫生**、**水利**、**广播电视**等公共设施。	种损失，这是确定重建措施与目标、制定恢复策略的前提。损失评估一般体现为物质损失评估、经济损失评估、社会损失评估、环境损失评估等内容。 本次修订对于人民政府应当组织和协调的有关部门进行了细化和补充，有助于突发事件后的恢复重建工作的具体开展，多部门合力，切实保障民生。 **关联法规** 《防震减灾法》第68条；《国家突发公共事件总体应急预案》
第六十条 受突发事件影响地区的人民政府开展恢复重建工作需要上一级人民政府支持的，可以向上一级人民政府提出请求。上一级人民政府应当根据受影响地区遭受的损失和实际情况，提供资金、物资支持和技术指导，组织其他地区提供资金、物资和人力支援。	**第八十八条** 受突发事件影响地区的人民政府开展恢复重建工作需要上一级人民政府支持的，可以向上一级人民政府提出请求。上一级人民政府应当根据受影响地区遭受的损失和实际情况，提供资金、物资支持和技术指导，组织**协调**其他地区**和有关方面**提供资金、物资和人力支援。	本条规定了在突发事件发生后，受影响地区的人民政府可以请求上一级人民政府的支持，以开展恢复重建工作。 本条明确了受影响地区的人民政府在开展恢复重建工作时，可以向上一级人民政府提出支持请求。"受突发事件影响地区"是指突发事件发生地以及其他受突发事件影响的毗邻或者相关地区。

续表

2007年《中华人民共和国突发事件应对法》	2024年《中华人民共和国突发事件应对法》	重点解读
		本条规定给予受影响地区的政府合法的途径和权力,确保在面临重大损失和挑战时,能够寻求更高层级的援助,保证恢复重建工作的顺利进行。上一级人民政府在接到请求后,应当根据受影响地区遭受的损失和实际情况,提供相应的支持。这里的支持主要包括资金支持、物资支持、技术指导。 本条强调了跨区域合作和资源调配的重要性,通过协调各方力量,共同支援受灾地区,加快恢复重建进程。 **关联法规** 《自然灾害救助条例》第4、19条;《防洪法》第50、51条
第六十一条第一、二款 国务院根据受突发事件影响地区遭受损失的情况,制定扶持该地区有关行业发展的优惠政策。 受突发事件影响地区的人民政府应当根据本地区遭受损失的情况,制定救助、补偿、抚慰、抚恤、安置等善后工作计划	**第八十九条** 国务院根据受突发事件影响地区遭受损失的情况,制定扶持该地区有关行业发展的优惠政策。 受突发事件影响地区的人民政府应当根据本地区遭受的损失**和采取应急处置措施**的情况,制定救助、补偿、抚慰、抚恤、	本条是关于给予受突发事件影响地区优惠政策和进行善后工作的规定。 本条第1款规定的优惠政策包括税收减免、财政补贴、贷款优惠、产业振兴计划等。 本条第2款规定明确了地方政府在善后工作中的具体职责,主要内容包括但不

续表

2007年《中华人民共和国突发事件应对法》	2024年《中华人民共和国突发事件应对法》	重点解读
并组织实施，妥善解决因处置突发事件引发的矛盾和纠纷。	安置等善后工作计划并组织实施，妥善解决因处置突发事件引发的矛盾纠纷。	限于：(1) 提供紧急救援物资和服务等救助措施。(2) 对因突发事件受到损失的个人和企业进行经济补偿，提供心理抚慰和支持。(3) 对因突发事件伤亡的人员及其家属进行抚恤，妥善安置受灾群众。(4) 制定机制妥善解决因突发事件引发的矛盾和纠纷，包括财产损失、劳动争议、家庭矛盾等。 **关联法规** 《防震减灾法》第63条、第73条；《自然灾害救助条例》第19条；《汶川地震灾后恢复重建条例》第53条、第54条
第六十一条第三款 公民参加应急救援工作或者协助维护社会秩序期间，其在本单位的工资待遇和福利不变；表现突出、成绩显著的，由县级以上人民政府给予表彰或者奖励。	**第九十条** 公民参加应急救援工作或者协助维护社会秩序期间，其**所在单位应当保证**其工资待遇和福利不变，**并可以按照规定给予相应补助**。	本条是关于公民参加应急救援工作或者协助维护社会秩序期间的权益保障的规定。 本条通过对公民参与应急救援和社会秩序维护期间的权益保障，确保公民在履行社会责任时不会因经济损失而受到影响，并可能获得相应补助。这不仅有助于维护公民的基本权益，也鼓励更多的公民积极参与应急救

第六章　事后恢复与重建

续表

2007年《中华人民共和国突发事件应对法》	2024年《中华人民共和国突发事件应对法》	重点解读
		援工作，从而提升全社会应对突发事件的能力和水平。 本次修订将2007年《突发事件应对法》第61条中有关表彰或奖励的内容进行单独规定在本法第17条。 **关联法规** 《民法典》第1005条；《工伤保险条例》第15条；《重大动物疫情应急条例》第7条
第六十一条第四款　县级以上人民政府对在应急救援工作中伤亡的人员依法给予抚恤。	第九十一条　县级以上人民政府对在应急救援工作中伤亡的人员依法**落实工伤待遇、抚恤或者其他保障政策，并组织做好应急救援工作中致病人员的医疗救治工作**。	本条是关于应急救援工作中受伤或牺牲人员的待遇和保障和医疗救治工作的规定。 本条的责任主体是县级以上人民政府，其负有落实工伤待遇、抚恤等保障政策和做好应急救援中的医疗救治工作的职责，本条体现了对救援人员的尊重和关怀，增强了社会对应急救援工作的支持和信心，同时推动政府在突发事件应对中的责任落实，有利于激励更多人员参与应急救援工作，提高应急救援效率。 **关联法规** 《工伤保险条例》第15、17条

67

续表

2007年《中华人民共和国突发事件应对法》	2024年《中华人民共和国突发事件应对法》	重点解读
第六十二条 履行统一领导职责的人民政府应当及时查明突发事件的发生经过和原因，总结突发事件应急处置工作的经验教训，制定改进措施，并向上一级人民政府提出报告。	第九十二条 履行统一领导职责的人民政府**在突发事件应对工作结束后**，应当及时查明突发事件的发生经过和原因，总结突发事件应急处置工作的经验教训，制定改进措施，并向上一级人民政府提出报告。	本条是关于人民政府查明原因、总结经验教训并提出报告的规定。 "查明事件经过和原因"是指履行统一领导职责的人民政府在突发事件发生后，应当迅速展开调查，查明事件的发生经过和具体原因，包括收集证据、分析数据、听取相关人员的陈述等。 "总结经验教训"是指在查明原因的基础上，政府当总结应急处置工作的经验和教训。通过分析应急响应过程中的有效做法和存在的问题，找出应急管理中的薄弱环节和改进空间。 "制定改进措施"是指根据总结的经验教训，政府应制定具体的改进措施，包括完善应急预案、加强应急队伍建设、改进应急物资储备、提升公众应急教育和培训等，确保在未来的突发事件中能够更好地应对和处理。 **关联法规** 《安全生产法》第73～76条；《矿山安全法》第37条；《消防法》第51条；《生产安

第六章　事后恢复与重建

续表

2007 年《中华人民共和国突发事件应对法》	2024 年《中华人民共和国突发事件应对法》	重点解读
		全事故报告和调查处理条例》第 19 条；《铁路交通事故应急救援和调查处理条例》第 16、26 条
	第九十三条　突发事件应对工作中有关资金、物资的筹集、管理、分配、拨付和使用等情况，应当依法接受审计机关的审计监督。	本条是关于突发事件应对管理工作中的审计监督的规定。 本条中的"审计机关"是指依照国家法律规定设立的、代表国家行使审计监督职权、依法对突发事件应对管理工作中涉及的资金和物资进行审计监督的国家机关。 本条旨在保证突发事件应对管理工作中资金、物资的使用公开透明、合法合规，防止浪费和滥用，保障资金、物资的有效利用。 关联法规 《审计法》第 3、18 条；《预算法》第 69 条；《政府采购法》第 68 条
	第九十四条　国家档案主管部门应当建立健全突发事件应对工作相关档案收集、整理、保护、利用工作机制。突发事件应对工作中形成的材料，应	本条是关于突发事件应对管理工作的档案管理机制的规定。 本条规定中的"档案"是指在突发事件应对管理工作中形成的各种具有保存价

续表

2007年《中华人民共和国突发事件应对法》	2024年《中华人民共和国突发事件应对法》	重点解读
	当按照国家规定归档，并向相关档案馆移交。	值的文字、图表、声像、电子数据等不同形式的历史记录。主要包括以下几类：(1) 应急预案。(2) 应急响应记录(3) 救援工作报告。(4) 损失评估和调查报告。(5) 公示公告和媒体报道。(6) 照片和视频资料。(7) 通信记录。(8) 法律文件。 通过收集和保存以上档案记录，能够为应急管理工作提供全面、详细的历史资料，有助于总结经验教训、改进应急预案和提升应急处置能力。 **关联法规** 《刑法》第329条；《档案法》第5、10、13条；《突发公共卫生事件应急条例》第10条；《重大活动和突发事件档案管理办法》第1条
第六章　法律责任	第七章　法律责任	
第六十三条　地方各级人民政府和县级以上**各级人民政府**有关部门违反本法规定，不履行法定职责的，由其上级行政机关或者监察机关责令改正；	**第九十五条**　地方各级人民政府和县级以上人民政府有关部门违反本法规定，不履行**或者不正确履行**法定职责的，由其上级行政机关责令改正；有	本条是关于政府及有关部门不正确履行法定职责的法律责任的规定。 "地方各级人民政府"是指从乡镇一级到省一级地方各级人民政府。

续表

2007年《中华人民共和国突发事件应对法》	2024年《中华人民共和国突发事件应对法》	重点解读
有下列情形之一的，根据情节对直接负责的主管人员和其他直接责任人员依法给予处分： （一）未按规定采取预防措施，导致发生突发事件，或者未采取必要的防范措施，导致发生次生、衍生事件的； （二）迟报、谎报、瞒报、漏报有关突发事件的信息，或者通报、报送、公布虚假信息，造成后果的； （三）未按规定及时发布突发事件警报、采取预警期的措施，导致损害发生的； （四）未按规定及时采取措施处置突发事件或者处置不当，造成后果的； （五）不服从上级人民政府对突发事件应急处置工作的统一领导、指挥和协调的； （六）未及时组织开展生产自救、恢复重建等善后工作的； （七）截留、挪用、	下列情形之一，由有关机关综合考虑突发事件发生的原因、后果、应对处置情况、行为人过错等因素，对负有责任的领导人员和直接责任人员依法给予处分： （一）未按照规定采取预防措施，导致发生突发事件，或者未采取必要的防范措施，导致发生次生、衍生事件的； （二）迟报、谎报、瞒报、漏报或者授意他人迟报、谎报、瞒报以及阻碍他人报告有关突发事件的信息，或者通报、报送、公布虚假信息，造成后果的； （三）未按照规定及时发布突发事件警报、采取预警期的措施，导致损害发生的； （四）未按照规定及时采取措施处置突发事件或者处置不当，造成后果的； （五）违反法律规定采取应对措施，侵犯公民生命健康权益的；	"县级以上各级人民政府有关部门"是指县级、市级、省级政府有关部门和国务院有关部门。 "负有责任的领导人员"，是指在行政机关实施的违法行为中起决定、批准、授意、纵容、指挥等作用的人员，一般是行政机关的主要负责人。 "直接责任人员"，是指具体实施违法行为的其他人员，可以是单位的管理人员或者其他工作人员。 **关联法规** 《防震减灾法》第90条；《气象法》第40条；《防洪法》第64条；《安全生产法》第92条；《消防法》第71条；《传染病防治法》第65~69条；《公务员法》第57条；《行政机关公务员处分条例》第20条

续表

2007年《中华人民共和国突发事件应对法》	2024年《中华人民共和国突发事件应对法》	重点解读
私分或者变相私分应急救援资金、物资的； （八）不及时归还征用的单位和个人的财产，或者对被征用财产的单位和个人不按规定给予补偿的。	（六）不服从上级人民政府对突发事件应急处置工作的统一领导、指挥和协调的； （七）未及时组织开展生产自救、恢复重建等善后工作的； （八）截留、挪用、私分或者变相私分应急救援资金、物资的； （九）不及时归还征用的单位和个人的财产，或者对被征用财产的单位和个人不按照规定给予补偿的。	
第六十四条 有关单位有下列情形之一的，由所在地履行统一领导职责的人民政府责令停产停业，暂扣或者吊销许可证或者营业执照，并处五万元以上二十万元以下的罚款；构成违反治安管理行为的，由公安机关依法给予处罚： （一）未按规定采取预防措施，导致发生严重突发事件的； （二）未及时消除已	第九十六条 有关单位有下列情形之一，由所在地履行统一领导职责的人民政府有关部门责令停产停业，暂扣或者吊销许可证件，并处五万元以上二十万元以下的罚款；**情节特别严重的，并处二十万元以上一百万元以下的罚款：** （一）未按照规定采取预防措施，导致发生**较大以上**突发事件的； （二）未及时消除已	本条是关于有关单位不履行法定义务的法律责任的规定。 "有关单位"是一个广义的概念，包括突发事件可能涉及的一切法人或者其他组织，主要是容易引发突发事件和容易受突发事件影响的经营生产单位和管理单位，包括矿山、金属冶炼、建筑施工单位和易燃易爆物品、危险化学品、放射性物品等危险物品的生产、经营、储运、使用单位，公共

第七章　法律责任

续表

2007 年《中华人民共和国突发事件应对法》	2024 年《中华人民共和国突发事件应对法》	重点解读
发现的可能引发突发事件的隐患，导致发生严重突发事件的； （三）未做好应急设备、设施日常维护、检测工作，导致发生严重突发事件或者突发事件危害扩大的； （四）突发事件发生后，不及时组织开展应急救援工作，造成严重后果的。 前款规定的行为，其他法律、行政法规规定由大民政府有关部门依法决定处罚的，从其规定。	发现的可能引发突发事件的隐患，导致发生**较大以上**突发事件的； （三）未做好**应急物资储备和**应急设备、设施日常维护、检测工作，导致发生**较大以上**突发事件或者突发事件危害扩大的； （四）突发事件发生后，不及时组织开展应急救援工作，造成严重后果的。 其他法律**对**前款行为**规定了处罚的，依照较重的规定处罚**。	交通工具、公共场所和其他人员密集场所的经营单位或者管理单位，受到自然灾害危害或者发生事故灾难、公共卫生事件的单位等。 本条第 2 款是新增的有关法律适用的内容，明确对有关单位不履行法定义务的处罚采取从重原则。 **关联法规** 《气象法》第 36 条；《安全生产法》第 98、99 条；《消防法》第 58 条；《矿山安全法》第 40 条；《破坏性地震应急条例》第 37 条；《核电厂核事故应急管理条例》第 38 条；《突发公共卫生事件应急条例》第 51 条
第六十五条　违反本法规定，编造并传播有关突发事件事态发展或者应急处置工作的虚假信息，或者明知是有关突发事件事态发展或者应急处置工作的虚假信息而进行传播的，责令改正，给予警告；造成严重后果的，依法暂停其业务活动或者吊销其执业许可证；负有直	**第九十七条**　违反本法规定，编造并传播有关突发事件的虚假信息，或者明知是有关突发事件的虚假信息而进行传播的，责令改正，给予警告；造成严重后果的，依法暂停其业务活动或者吊销其许可证件；负有直接责任的人员是**公职**人员的，还应当依法给予处分。	本条是关于编造、传播虚假信息法律责任的规定。 本条规定中的"虚假信息"是指与突发事件实际情况不符、未经证实或者捏造的有关突发事件的信息。 虚假信息包括以下几种类型：（1）完全捏造的信息，即完全没有事实依据，由个人或团体凭空编造的有关突发事件的信息。（2）歪

73

续表

2007年《中华人民共和国突发事件应对法》	2024年《中华人民共和国突发事件应对法》	重点解读
接责任的人员是国家工作人员的，还应当对其依法给予处分；构成违反治安管理行为的，由公安机关依法给予处罚。		曲事实的信息，即对实际发生的事件进行歪曲、夸大或缩小，导致信息与事实严重不符。(3) 未经证实的信息，即未经核实或确认的信息，在没有充分证据的情况下传播。例如未经官方确认的传闻、猜测性信息等。(4) 误导性信息，即有意或无意地传播可能导致误导公众的信息。 **关联法规** 《刑法》第291条；《治安管理处罚法》第25条；《网络安全法》第12条
第六十六条 单位或者个人违反本法规定，不服从所在地人民政府及其有关部门发布的决定、命令或者不配合其依法采取的措施，构成违反治安管理行为的，由公安机关依法给予处罚。	第九十八条 单位或者个人违反本法规定，不服从所在地人民政府及其有关部门依法发布的决定、命令或者不配合其依法采取的措施的，责令改正；造成严重后果的，依法给予行政处罚；负有直接责任的人员是公职人员的，还应当依法给予处分。	本条是关于违反决定、命令的处理的规定。 本条的设立旨在保障突发事件管理工作的顺利进行，强化人民政府及其有关部门的权威性和执行力，进而更为有效维护社会秩序和公共安全。 本次修订特别增加了有关公职人员违反本条规定的，应依法给予处分的内容。 **关联法规** 《公务员法》第54条

续表

2007年《中华人民共和国突发事件应对法》	2024年《中华人民共和国突发事件应对法》	重点解读
	第九十九条 单位或者个人违反本法第八十四条、第八十五条关于个人信息保护规定的，由主管部门依照有关法律规定给予处罚。	本条是关于违反个人信息保护规定的责任的规定。 本条提到的"主管部门"主要指在个人信息保护领域具有监管和执法职责的行政机关。主要包括互联网信息办公室、公安机关、工业和信息化主管部门、市场监管部门等其他有关部门。其他相关行业的主管部门也可能在特定领域内对个人信息进行监管，承担保护责任。 通过规定违反个人信息保护规定的法律责任，强调在突发事件应急处置过程中对个人信息保护的严格要求。单位或个人在处理个人信息时，必须遵守法律法规，确保信息的合法收集、使用和保密。 **关联法规** 《个人信息保护法》第6~10条；《网络安全法》第64条；《电子商务法》第23、79条；《刑法》第253条
第六十七条 单位或者个人违反本法规定，导致突发事件发生或者危害	**第一百条** 单位或者个人违反本法规定，导致突发事件发生或者危害扩	本条是关于违反本法承担民事责任的规定。 承担民事责任的责任形

75

续表

2007年《中华人民共和国突发事件应对法》	2024年《中华人民共和国突发事件应对法》	重点解读
扩大,给他大人身、财产造成损害的,应当依法承担民事责任。	大,造成人身、财产**或者其他**损害的,应当依法承担民事责任。	式主要是赔偿损失。承担民事责任的前提需满足以下情形: (1)违法行为导致突发事件发生或危害扩大。例如,未按规定维护设备导致事故发生,或未及时报告危险情况导致灾害扩大。 (2)造成人身、财产或其他损害。由于违法行为造成的人身、财产或其他损害,包括但不限于人员伤亡、财产损失、环境破坏等。受害者有权依法追究相关单位或个人的责任,要求赔偿损失。 (3)依法承担民事责任,承担方式包括经济赔偿、恢复原状、停止侵害等。民事责任的承担旨在弥补受害者的损失,恢复受损的权益,并对违法行为进行法律上的制裁。 **关联法规** 《民法典》第1164、1165条;《民事诉讼法》第2、126条
	第一百零一条 为了使本人或者他人的人身、	本条是关于紧急避险的规定,是新增条文。

续表

2007年《中华人民共和国突发事件应对法》	2024年《中华人民共和国突发事件应对法》	重点解读
	财产免受正在发生的危险而采取避险措施的，依照《中华人民共和国民法典》、《中华人民共和国刑法》等法律关于紧急避险的规定处理。	紧急避险，是指在不得已的情况下损害另一法益以保护较大法益免受正在发生的危险的行为。紧急避险的条件包括：（1）必须有现实危险的存在。（2）现实危险必须是正在发生的。（3）避险行为必须造成客观损害。（4）避险行为必须在不得已的情况下实施。 **关联法规** 《刑法》第21条
第六十八条　违反本法规定，构成犯罪的，依法追究刑事责任。	**第一百零二条**　违反本法规定，**构成违反治安管理行为的，依法给予治安管理处罚**；构成犯罪的，依法追究刑事责任。	本条是关于违反本法承担的行政责任、刑事责任的规定。本条规定的责任主要具体包括为治安管理处罚和刑事责任两类，其中治安管理处罚是新增内容。本条的核心内容是对违反治安管理行为和构成犯罪行为的处理。 　　（1）治安管理处罚，即违反治安管理行为，是指未达到刑事犯罪标准，但扰乱社会治安、危害公共秩序的行为。这类行为通常由公安机关依据《治安管理处罚法》进行处罚，可能包括警告、罚款、行政拘留等。

续表

2007年《中华人民共和国突发事件应对法》	2024年《中华人民共和国突发事件应对法》	重点解读
		（2）刑事责任。构成犯罪是指违反本法的行为已经触犯《刑法》，应受到刑法追究。 **关联法规** 《治安管理处罚法》第1、50条；《刑法》第1、273条；《刑事诉讼法》第1条；《突发公共卫生事件应急条例》第47条
第七章　附　则	**第八章　附　则**	
第六十九条　发生特别重大突发事件，对人民生命财产安全、国家安全、公共安全、环境安全或者社会秩序构成重大威胁，采取本法和其他有关法律、法规、规章规定的应急处置措施不能消除或者有效控制、减轻其严重社会危害，需要进入紧急状态的，由全国人民代表大会常务委员会或者国务院依照宪法和其他有关法律规定的权限和程序决定。 紧急状态期间采取的非常措施，依照有关法律规定执行或者由全国人民	**第一百零三条**　发生特别重大突发事件，对人民生命财产安全、国家安全、公共安全、**生态**环境安全或者社会秩序构成重大威胁，采取本法和其他有关法律、法规、规章规定的应急处置措施不能消除或者有效控制、减轻其严重社会危害，需要进入紧急状态的，由全国人民代表大会常务委员会或者国务院依照宪法和其他有关法律规定的权限和程序决定。 紧急状态期间采取的非常措施，依照有关法律规定执行或者由全国人民	本条是关于进入紧急状态的规定。 本条中的"紧急状态"是指发生或者即将发生特别重大突发事件，需要国家机关行使紧急权力予以控制、消除其社会危害和威胁时，有关国家机关按照宪法、法律规定的权限决定并宣布局部地区或者全国实行的一种临时性的严（1）宣布进入紧急状态的主体。根据《宪法》《戒严法》的规定，宣布进入紧急状态涉及三个主体，即全国人大常委会、国家主席和国务院。 （2）宣布进入紧急状态的条件。紧急状态是一种非

78

续表

2007年《中华人民共和国突发事件应对法》	2024年《中华人民共和国突发事件应对法》	重点解读
代表大会常务委员会另行规定。	代表大会常务委员会另行规定。	正常状态，不到不得已的情况下，不得宣布进入紧急状态。本法规定与《戒严法》的精神是一致的，就是只有当事态极其严重，威胁到国家安全、社会安全以及人民群众的生命、健康、财产安全，并且采取其他法律规定的正常措施不能够维护秩序、保障安全的情况下，有权机关才能够决定并宣布进入紧急状态。 （3）紧急状态期间采取的非常措施。根据《戒严法》的规定，戒严期间，戒严实施机关可以决定在戒严地区采取的措施包括：①禁止或者限制集会、游行、示威、街头讲演以及其他聚众活动；②禁止罢工、罢市、罢课；③实行新闻管制；④实行通讯、邮政、电信管制；⑤实行出境入境管制；⑥禁止任何反对戒严的活动。戒严以外其他紧急状态情况下采取的非常措施，由全国人大常委会另行规定。 **关联法规** 《宪法》第67、80、89条；《戒严法》第13~20条

续表

2007年《中华人民共和国突发事件应对法》	2024年《中华人民共和国突发事件应对法》	重点解读
	第一百零四条 中华人民共和国领域外发生突发事件，造成或者可能造成中华人民共和国公民、法人及其他组织人身伤亡、财产损失的，由国务院外交部门会同国务院其他有关部门、有关地方人民政府，按照国家有关规定做好应对工作。	本条是关于保护管辖的规定。 本条规定中的"中华人民共和国公民"是指具有中华人民共和国国籍的人。"法人"是指具有民事权利能力和民事行为能力，依法独立享有民事权利和承担民事义务的组织。 本条主要目的是确保中国公民和组织在海外遭遇突发事件时，能够获得有效的保护和支持，包括但不限于紧急撤离、领事保护等。 **关联法规** 《对外关系法》第32、33条；《领事保护与协助条例》第8、9条；《刑法》第8条
	第一百零五条 在中华人民共和国境内的外国人、无国籍人应当遵守本法，服从所在地人民政府及其有关部门依法发布的决定、命令，并配合其依法采取的措施。	本条是关于外国人、无国籍人的属地管辖的规定，是新增条文。 本规定要求中国境内的所有人，无论其国籍如何都在法律框架下平等地参与突发事件的应对管理工作，以维护公共安全和秩序。通过属地管辖原则，我国政府能够有效地管理和控制在其领土上发生的任何突发事件，

续表

2007年《中华人民共和国突发事件应对法》	2024年《中华人民共和国突发事件应对法》	重点解读
		确保所有在境内的个人都按照统一的标准行动。 **关联法规** 《治安管理处罚法》第10条;《刑法》第6条
第七十条 本法自2007年11月1日起施行。	**第一百零六条** 本法自**2024年**11月1日起施行。	

附录　相关法规

突发事件应急预案管理办法

1. 2024 年 1 月 31 日国务院办公厅发布
2. 国办发〔2024〕5 号

第一章　总　　则

第一条　为加强突发事件应急预案（以下简称应急预案）体系建设，规范应急预案管理，增强应急预案的针对性、实用性和可操作性，依据《中华人民共和国突发事件应对法》等法律、行政法规，制定本办法。

第二条　本办法所称应急预案，是指各级人民政府及其部门、基层组织、企事业单位和社会组织等为依法、迅速、科学、有序应对突发事件，最大程度减少突发事件及其造成的损害而预先制定的方案。

第三条　应急预案的规划、编制、审批、发布、备案、培训、宣传、演练、评估、修订等工作，适用本办法。

第四条　应急预案管理遵循统一规划、综合协调、分类指导、分级负责、动态管理的原则。

第五条　国务院统一领导全国应急预案体系建设和管理工作，县级以上地方人民政府负责领导本行政区域内应急预案体系建设和管理工作。

突发事件应对有关部门在各自职责范围内，负责本部门（行业、领域）应急预案管理工作；县级以上人民政府应急管理部门负责指导应急预案管理工作，综合协调应急预案衔接工作。

第六条　国务院应急管理部门统筹协调各地区各部门应急预案数据库

管理，推动实现应急预案数据共享共用。各地区各部门负责本行政区域、本部门（行业、领域）应急预案数据管理。

县级以上人民政府及其有关部门要注重运用信息化数字化智能化技术，推进应急预案管理理念、模式、手段、方法等创新，充分发挥应急预案牵引应急准备、指导处置救援的作用。

第二章　分类与内容

第七条　按照制定主体划分，应急预案分为政府及其部门应急预案、单位和基层组织应急预案两大类。

政府及其部门应急预案包括总体应急预案、专项应急预案、部门应急预案等。

单位和基层组织应急预案包括企事业单位、村民委员会、居民委员会、社会组织等编制的应急预案。

第八条　总体应急预案是人民政府组织应对突发事件的总体制度安排。

总体应急预案围绕突发事件事前、事中、事后全过程，主要明确应对工作的总体要求、事件分类分级、预案体系构成、组织指挥体系与职责，以及风险防控、监测预警、处置救援、应急保障、恢复重建、预案管理等内容。

第九条　专项应急预案是人民政府为应对某一类型或某几种类型突发事件，或者针对重要目标保护、重大活动保障、应急保障等重要专项工作而预先制定的涉及多个部门职责的方案。

部门应急预案是人民政府有关部门根据总体应急预案、专项应急预案和部门职责，为应对本部门（行业、领域）突发事件，或者针对重要目标保护、重大活动保障、应急保障等涉及部门工作而预先制定的方案。

第十条　针对突发事件应对的专项和部门应急预案，主要规定县级以上人民政府或有关部门相关突发事件应对工作的组织指挥体系和专项工作安排，不同层级预案内容各有侧重，涉及相邻或相关地方人民政府、部门、单位任务的应当沟通一致后明确。

国家层面专项和部门应急预案侧重明确突发事件的应对原则、组织指挥机制、预警分级和事件分级标准、响应分级、信息报告要求、应急保障措施等，重点规范国家层面应对行动，同时体现政策性和指导性。

省级专项和部门应急预案侧重明确突发事件的组织指挥机制、监测预警、分级响应及响应行动、队伍物资保障及市县级人民政府职责等，重点规范省级层面应对行动，同时体现指导性和实用性。

市县级专项和部门应急预案侧重明确突发事件的组织指挥机制、风险管控、监测预警、信息报告、组织自救互救、应急处置措施、现场管控、队伍物资保障等内容，重点规范市（地）级和县级层面应对行动，落实相关任务，细化工作流程，体现应急处置的主体职责和针对性、可操作性。

第十一条　为突发事件应对工作提供通信、交通运输、医学救援、物资装备、能源、资金以及新闻宣传、秩序维护、慈善捐赠、灾害救助等保障功能的专项和部门应急预案侧重明确组织指挥机制、主要任务、资源布局、资源调用或应急响应程序、具体措施等内容。

针对重要基础设施、生命线工程等重要目标保护的专项和部门应急预案，侧重明确关键功能和部位、风险隐患及防范措施、监测预警、信息报告、应急处置和紧急恢复、应急联动等内容。

第十二条　重大活动主办或承办机构应当结合实际情况组织编制重大活动保障应急预案，侧重明确组织指挥体系、主要任务、安全风险及防范措施、应急联动、监测预警、信息报告、应急处置、人员疏散撤离组织和路线等内容。

第十三条　相邻或相关地方人民政府及其有关部门可以联合制定应对区域性、流域性突发事件的联合应急预案，侧重明确地方人民政府及其部门间信息通报、组织指挥体系对接、处置措施衔接、应急资源保障等内容。

第十四条　国家有关部门和超大特大城市人民政府可以结合行业（地区）风险评估实际，制定巨灾应急预案，统筹本部门（行业、领域）、本地区巨灾应对工作。

第十五条　乡镇（街道）应急预案重点规范乡镇（街道）层面应对行动，侧重明确突发事件的预警信息传播、任务分工、处置措施、信息收集报告、现场管理、人员疏散与安置等内容。

村（社区）应急预案侧重明确风险点位、应急响应责任人、预警信息传播与响应、人员转移避险、应急处置措施、应急资源调用等内容。

乡镇（街道）、村（社区）应急预案的形式、要素和内容等，可结合实际灵活确定，力求简明实用，突出人员转移避险，体现先期处置特点。

第十六条　单位应急预案侧重明确应急响应责任人、风险隐患监测、主要任务、信息报告、预警和应急响应、应急处置措施、人员疏散转移、应急资源调用等内容。

大型企业集团可根据相关标准规范和实际工作需要，建立本集团应急预案体系。

安全风险单一、危险性小的生产经营单位，可结合实际简化应急预案要素和内容。

第十七条　应急预案涉及的有关部门、单位等可以结合实际编制应急工作手册，内容一般包括应急响应措施、处置工作程序、应急救援队伍、物资装备、联络人员和电话等。

应急救援队伍、保障力量等应当结合实际情况，针对需要参与突发事件应对的具体任务编制行动方案，侧重明确应急响应、指挥协同、力量编成、行动设想、综合保障、其他有关措施等具体内容。

第三章　规划与编制

第十八条　国务院应急管理部门会同有关部门编制应急预案制修订工作计划，报国务院批准后实施。县级以上地方人民政府应急管理部门应当会同有关部门，针对本行政区域多发易发突发事件、主要风险等，编制本行政区域应急预案制修订工作计划，报本级人民政府批准后实施，并抄送上一级人民政府应急管理部门。

县级以上人民政府有关部门可以结合实际制定本部门（行业、领域）应急预案编制计划，并抄送同级应急管理部门。县级以上地方人民政府有关部门应急预案编制计划同时抄送上一级相应部门。

应急预案编制计划应当根据国民经济和社会发展规划、突发事件应对工作实际，适时予以调整。

第十九条 县级以上人民政府总体应急预案由本级人民政府应急管理部门组织编制，专项应急预案由本级人民政府相关类别突发事件应对牵头部门组织编制。县级以上人民政府部门应急预案，乡级人民政府、单位和基层组织等应急预案由有关制定单位组织编制。

第二十条 应急预案编制部门和单位根据需要组成应急预案编制工作小组，吸收有关部门和单位人员、有关专家及有应急处置工作经验的人员参加。编制工作小组组长由应急预案编制部门或单位有关负责人担任。

第二十一条 编制应急预案应当依据有关法律、法规、规章和标准，紧密结合实际，在开展风险评估、资源调查、案例分析的基础上进行。

风险评估主要是识别突发事件风险及其可能产生的后果和次生（衍生）灾害事件，评估可能造成的危害程度和影响范围等。

资源调查主要是全面调查本地区、本单位应对突发事件可用的应急救援队伍、物资装备、场所和通过改造可以利用的应急资源状况，合作区域内可以请求援助的应急资源状况，重要基础设施容灾保障及备用状况，以及可以通过潜力转换提供应急资源的状况，为制定应急响应措施提供依据。必要时，也可根据突发事件应对需要，对本地区相关单位和居民所掌握的应急资源情况进行调查。

案例分析主要是对典型突发事件的发生演化规律、造成的后果和处置救援等情况进行复盘研究，必要时构建突发事件情景，总结经验教训，明确应对流程、职责任务和应对措施，为制定应急预案提供参考借鉴。

第二十二条 政府及其有关部门在应急预案编制过程中，应当广泛听取意见，组织专家论证，做好与相关应急预案及国防动员实施预案的衔接。涉及其他单位职责的，应当书面征求意见。必要时，向社会公开征求意见。

单位和基层组织在应急预案编制过程中，应根据法律法规要求或实际需要，征求相关公民、法人或其他组织的意见。

第四章　审批、发布、备案

第二十三条　应急预案编制工作小组或牵头单位应当将应急预案送审稿、征求意见情况、编制说明等有关材料报送应急预案审批单位。因保密等原因需要发布应急预案简本的，应当将应急预案简本一并报送审批。

第二十四条　应急预案审核内容主要包括：

（一）预案是否符合有关法律、法规、规章和标准等规定；

（二）预案是否符合上位预案要求并与有关预案有效衔接；

（三）框架结构是否清晰合理，主体内容是否完备；

（四）组织指挥体系与责任分工是否合理明确，应急响应级别设计是否合理，应对措施是否具体简明、管用可行；

（五）各方面意见是否一致；

（六）其他需要审核的内容。

第二十五条　国家总体应急预案按程序报党中央、国务院审批，以党中央、国务院名义印发。专项应急预案由预案编制牵头部门送应急管理部衔接协调后，报国务院审批，以国务院办公厅或者有关应急指挥机构名义印发。部门应急预案由部门会议审议决定、以部门名义印发，涉及其他部门职责的可与有关部门联合印发；必要时，可以由国务院办公厅转发。

地方各级人民政府总体应急预案按程序报本级党委和政府审批，以本级党委和政府名义印发。专项应急预案按程序送本级应急管理部门衔接协调，报本级人民政府审批，以本级人民政府办公厅（室）或者有关应急指挥机构名义印发。部门应急预案审批印发程序按照本级人民政府和上级有关部门的应急预案管理规定执行。

重大活动保障应急预案、巨灾应急预案由本级人民政府或其部门审批，跨行政区域联合应急预案审批由相关人民政府或其授权的部门协商确定，并参照专项应急预案或部门应急预案管理。

单位和基层组织应急预案须经本单位或基层组织主要负责人签发,以本单位或基层组织名义印发,审批方式根据所在地人民政府及有关行业管理部门规定和实际情况确定。

第二十六条 应急预案审批单位应当在应急预案印发后的 20 个工作日内,将应急预案正式印发文本(含电子文本)及编制说明,依照下列规定向有关单位备案并抄送有关部门:

(一)县级以上地方人民政府总体应急预案报上一级人民政府备案,径送上一级人民政府应急管理部门,同时抄送上一级人民政府有关部门;

(二)县级以上地方人民政府专项应急预案报上一级人民政府相应牵头部门备案,同时抄送上一级人民政府应急管理部门和有关部门;

(三)部门应急预案报本级人民政府备案,径送本级应急管理部门,同时抄送本级有关部门;

(四)联合应急预案按所涉及区域,依据专项应急预案或部门应急预案有关规定备案,同时抄送本地区上一级或共同上一级人民政府应急管理部门和有关部门;

(五)涉及需要与所在地人民政府联合应急处置的中央单位应急预案,应当报所在地县级人民政府备案,同时抄送本级应急管理部门和突发事件应对牵头部门;

(六)乡镇(街道)应急预案报上一级人民政府备案,径送上一级人民政府应急管理部门,同时抄送上一级人民政府有关部门。村(社区)应急预案报乡镇(街道)备案;

(七)中央企业集团总体应急预案报应急管理部备案,抄送企业主管机构、行业主管部门、监管部门;有关专项应急预案向国家突发事件应对牵头部门备案,抄送应急管理部、企业主管机构、行业主管部门、监管部门等有关单位。中央企业集团所属单位、权属企业的总体应急预案按管理权限报所在地人民政府应急管理部门备案,抄送企业主管机构、行业主管部门、监管部门;专项应急预案按管理权限报所在地行业监管部门备案,抄送应急管理部门和有关企业主管机构、行业主管部门。

第二十七条 国务院履行应急预案备案管理职责的部门和省级人民政府应当建立应急预案备案管理制度。县级以上地方人民政府有关部门落实有关规定，指导、督促有关单位做好应急预案备案工作。

第二十八条 政府及其部门应急预案应当在正式印发后20个工作日内向社会公开。单位和基层组织应急预案应当在正式印发后20个工作日内向本单位以及可能受影响的其他单位和地区公开。

第五章 培训、宣传、演练

第二十九条 应急预案发布后，其编制单位应做好组织实施和解读工作，并跟踪应急预案落实情况，了解有关方面和社会公众的意见建议。

第三十条 应急预案编制单位应当通过编发培训材料、举办培训班、开展工作研讨等方式，对与应急预案实施密切相关的管理人员、专业救援人员等进行培训。

各级人民政府及其有关部门应将应急预案培训作为有关业务培训的重要内容，纳入领导干部、公务员等日常培训内容。

第三十一条 对需要公众广泛参与的非涉密的应急预案，编制单位应当充分利用互联网、广播、电视、报刊等多种媒体广泛宣传，制作通俗易懂、好记管用的宣传普及材料，向公众免费发放。

第三十二条 应急预案编制单位应当建立应急预案演练制度，通过采取形式多样的方式方法，对应急预案所涉及的单位、人员、装备、设施等组织演练。通过演练发现问题、解决问题，进一步修改完善应急预案。

专项应急预案、部门应急预案每3年至少进行一次演练。

地震、台风、风暴潮、洪涝、山洪、滑坡、泥石流、森林草原火灾等自然灾害易发区域所在地人民政府，重要基础设施和城市供水、供电、供气、供油、供热等生命线工程经营管理单位，矿山、金属冶炼、建筑施工单位和易燃易爆物品、化学品、放射性物品等危险物品生产、经营、使用、储存、运输、废弃处置单位，公共交通工具、公共场所和医院、学校等人员密集场所的经营单位或者管理单位等，应当有针对性地组织开展应急预案演练。

第三十三条 应急预案演练组织单位应当加强演练评估，主要内容包括：演练的执行情况，应急预案的实用性和可操作性，指挥协调和应急联动机制运行情况，应急人员的处置情况，演练所用设备装备的适用性，对完善应急预案、应急准备、应急机制、应急措施等方面的意见和建议等。

各地区各有关部门加强对本行政区域、本部门（行业、领域）应急预案演练的评估指导。根据需要，应急管理部门会同有关部门组织对下级人民政府及其关部门组织的应急预案演练情况进行评估指导。

鼓励委托第三方专业机构进行应急预案演练评估。

第六章　评估与修订

第三十四条 应急预案编制单位应当建立应急预案定期评估制度，分析应急预案内容的针对性、实用性和可操作性等，实现应急预案的动态优化和科学规范管理。

县级以上地方人民政府及其有关部门应急预案原则上每3年评估一次。应急预案的评估工作，可以委托第三方专业机构组织实施。

第三十五条 有下列情形之一的，应当及时修订应急预案：

（一）有关法律、法规、规章、标准、上位预案中的有关规定发生重大变化的；

（二）应急指挥机构及其职责发生重大调整的；

（三）面临的风险发生重大变化的；

（四）重要应急资源发生重大变化的；

（五）在突发事件实际应对和应急演练中发现问题需要作出重大调整的；

（六）应急预案制定单位认为应当修订的其他情况。

第三十六条　应急预案修订涉及组织指挥体系与职责、应急处置程序、主要处置措施、突发事件分级标准等重要内容的，修订工作应参照本办法规定的应急预案编制、审批、备案、发布程序组织进行。仅涉及其他内容的，修订程序可根据情况适当简化。

第三十七条　各级人民政府及其部门、企事业单位、社会组织、公民等，可以向有关应急预案编制单位提出修订建议。

第七章　保障措施

第三十八条　各级人民政府及其有关部门、各有关单位要指定专门机构和人员负责相关具体工作，将应急预案规划、编制、审批、发布、备案、培训、宣传、演练、评估、修订等所需经费纳入预算统筹安排。

第三十九条　国务院有关部门应加强对本部门（行业、领域）应急预案管理工作的指导和监督，并根据需要编写应急预案编制指南。县级以上地方人民政府及其有关部门应对本行政区域、本部门（行业、领域）应急预案管理工作加强指导和监督。

第八章　附　　则

第四十条　国务院有关部门、地方各级人民政府及其有关部门、大型企业集团等可根据实际情况，制定相关应急预案管理实施办法。

第四十一条　法律、法规、规章另有规定的从其规定，确需保密的应急预案按有关规定执行。

第四十二条　本办法由国务院应急管理部门负责解释。

第四十三条　本办法自印发之日起施行。

国家突发公共事件总体应急预案

2006年1月8日国务院发布施行

1 总 则

1.1 编制目的

提高政府保障公共安全和处置突发公共事件的能力,最大程度地预防和减少突发公共事件及其造成的损害,保障公众的生命财产安全,维护国家安全和社会稳定,促进经济社会全面、协调、可持续发展。

1.2 编制依据

依据宪法及有关法律、行政法规,制定本预案。

1.3 分类分级

本预案所称突发公共事件是指突然发生,造成或者可能造成重大人员伤亡、财产损失、生态环境破坏和严重社会危害,危及公共安全的紧急事件。

根据突发公共事件的发生过程、性质和机理,突发公共事件主要分为以下四类:

(1) 自然灾害。主要包括水旱灾害,气象灾害,地震灾害,地质灾害,海洋灾害,生物灾害和森林草原火灾等。

(2) 事故灾难。主要包括工矿商贸等企业的各类安全事故,交通运输事故,公共设施和设备事故,环境污染和生态破坏事件等。

(3) 公共卫生事件。主要包括传染病疫情,群体性不明原因疾病,食品安全和职业危害,动物疫情,以及其他严重影响公众健康和生命安全的事件。

(4) 社会安全事件。主要包括恐怖袭击事件，经济安全事件和涉外突发事件等。

各类突发公共事件按照其性质、严重程度、可控性和影响范围等因素，一般分为四级：Ⅰ级（特别重大）、Ⅱ级（重大）、Ⅲ级（较大）和Ⅳ级（一般）。

1.4 适用范围

本预案适用于涉及跨省级行政区划的，或超出事发地省级人民政府处置能力的特别重大突发公共事件应对工作。

本预案指导全国的突发公共事件应对工作。

1.5 工作原则

(1) 以人为本，减少危害。切实履行政府的社会管理和公共服务职能，把保障公众健康和生命财产安全作为首要任务，最大程度地减少突发公共事件及其造成的人员伤亡和危害。

(2) 居安思危，预防为主。高度重视公共安全工作，常抓不懈，防患于未然。增强忧患意识，坚持预防与应急相结合，常态与非常态相结合，做好应对突发公共事件的各项准备工作。

(3) 统一领导，分级负责。在党中央、国务院的统一领导下，建立健全分类管理、分级负责，条块结合、属地管理为主的应急管理体制，在各级党委领导下，实行行政领导责任制，充分发挥专业应急指挥机构的作用。

(4) 依法规范，加强管理。依据有关法律和行政法规，加强应急管理，维护公众的合法权益，使应对突发公共事件的工作规范化、制度化、法制化。

(5) 快速反应，协同应对。加强以属地管理为主的应急处置队伍建设，建立联动协调制度，充分动员和发挥乡镇、社区、企事业单位、社会团体和志愿者队伍的作用，依靠公众力量，形成统一指挥、反应灵敏、功能齐全、协调有序、运转高效的应急管理机制。

(6) 依靠科技，提高素质。加强公共安全科学研究和技术开发，采用先进的监测、预测、预警、预防和应急处置技术及设施，充分发挥专家队伍和专业人员的作用,提高应对突发公共事件的科技水平和指挥能力,避免发生次生、衍生事件;加强宣传和培训教育工作,提高公众自救、互救和应对各类突发公共事件的综合素质。

1.6 应急预案体系

全国突发公共事件应急预案体系包括:

(1) 突发公共事件总体应急预案。总体应急预案是全国应急预案体系的总纲,是国务院应对特别重大突发公共事件的规范性文件。

(2) 突发公共事件专项应急预案。专项应急预案主要是国务院及其有关部门为应对某一类型或某几种类型突发公共事件而制定的应急预案。

(3) 突发公共事件部门应急预案。部门应急预案是国务院有关部门根据总体应急预案、专项应急预案和部门职责为应对突发公共事件制定的预案。

(4) 突发公共事件地方应急预案。具体包括:省级人民政府的突发公共事件总体应急预案、专项应急预案和部门应急预案;各市(地)、县(市)人民政府及其基层政权组织的突发公共事件应急预案。上述预案在省级人民政府的领导下,按照分类管理、分级负责的原则,由地方人民政府及其有关部门分别制定。

(5) 企事业单位根据有关法律法规制定的应急预案。

(6) 举办大型会展和文化体育等重大活动,主办单位应当制定应急预案。

各类预案将根据实际情况变化不断补充、完善。

2 组织体系

2.1 领导机构

国务院是突发公共事件应急管理工作的最高行政领导机构。在国务院总理领导下,由国务院常务会议和国家相关突发公共事件应急指挥机构(以下简称相关应急指挥机构)负责突发公共事件的应急管理工作;必要时,派出国务院工作组指导有关工作。

2.2 办事机构

国务院办公厅设国务院应急管理办公室，履行值守应急、信息汇总和综合协调职责，发挥运转枢纽作用。

2.3 工作机构

国务院有关部门依据有关法律、行政法规和各自的职责，负责相关类别突发公共事件的应急管理工作。具体负责相关类别的突发公共事件专项和部门应急预案的起草与实施，贯彻落实国务院有关决定事项。

2.4 地方机构

地方各级人民政府是本行政区域突发公共事件应急管理工作的行政领导机构，负责本行政区域各类突发公共事件的应对工作。

2.5 专家组

国务院和各应急管理机构建立各类专业人才库，可以根据实际需要聘请有关专家组成专家组，为应急管理提供决策建议，必要时参加突发公共事件的应急处置工作。

3 运行机制

3.1 预测与预警

各地区、各部门要针对各种可能发生的突发公共事件，完善预测预警机制，建立预测预警系统，开展风险分析，做到早发现、早报告、早处置。

3.1.1 预警级别和发布

根据预测分析结果，对可能发生和可以预警的突发公共事件进行预警。预警级别依据突发公共事件可能造成的危害程度、紧急程度和发展势态，一般划分为四级：Ⅰ级（特别严重）、Ⅱ级（严重）、Ⅲ级（较重）和Ⅳ级（一般），依次用红色、橙色、黄色和蓝色表示。

预警信息包括突发公共事件的类别、预警级别、起始时间、可能影响范围、警示事项、应采取的措施和发布机关等。

预警信息的发布、调整和解除可通过广播、电视、报刊、通信、信息网络、警报器、宣传车或组织人员逐户通知等方式进行，对老、幼、病、残、孕等特殊人群以及学校等特殊场所和警报盲区应当采取有针对性的公告方式。

3.2 应急处置

3.2.1 信息报告

特别重大或者重大突发公共事件发生后，各地区、各部门要立即报告，最迟不得超过 4 小时，同时通报有关地区和部门。应急处置过程中，要及时续报有关情况。

3.2.2 先期处置

突发公共事件发生后，事发地的省级人民政府或者国务院有关部门在报告特别重大、重大突发公共事件信息的同时，要根据职责和规定的权限启动相关应急预案，及时、有效地进行处置，控制事态。

在境外发生涉及中国公民和机构的突发事件，我驻外使领馆、国务院有关部门和有关地方人民政府要采取措施控制事态发展，组织开展应急救援工作。

3.2.3 应急响应

对于先期处置未能有效控制事态的特别重大突发公共事件，要及时启动相关预案，由国务院相关应急指挥机构或国务院工作组统一指挥或指导有关地区、部门开展处置工作。

现场应急指挥机构负责现场的应急处置工作。

需要多个国务院相关部门共同参与处置的突发公共事件，由该类突发公共事件的业务主管部门牵头，其他部门予以协助。

3.2.4 应急结束

特别重大突发公共事件应急处置工作结束，或者相关危险因素消除后，现场应急指挥机构予以撤销。

3.3 恢复与重建

3.3.1 善后处置

要积极稳妥、深入细致地做好善后处置工作。对突发公共事件中的伤亡人员、应急处置工作人员，以及紧急调集、征用有关单位及个人的物资，要按照规定给予抚恤、补助或补偿，并提供心理及司法援助。有关部门要做好疫病防治和环境污染消除工作。保险监管机构督促有关保险机构及时做好有关单位和个人损失的理赔工作。

3.3.2 调查与评估

要对特别重大突发公共事件的起因、性质、影响、责任、经验教训和恢复重建等问题进行调查评估。

3.3.3 恢复重建

根据受灾地区恢复重建计划组织实施恢复重建工作。

3.4 信息发布

突发公共事件的信息发布应当及时、准确、客观、全面。事件发生的第一时间要向社会发布简要信息，随后发布初步核实情况、政府应对措施和公众防范措施等，并根据事件处置情况做好后续发布工作。

信息发布形式主要包括授权发布、散发新闻稿、组织报道、接受记者采访、举行新闻发布会等。

4 应急保障

各有关部门要按照职责分工和相关预案做好突发公共事件的应对工作，同时根据总体预案切实做好应对突发公共事件的人力、物力、财力、交通运输、医疗卫生及通信保障等工作，保证应急救援工作的需要和灾区群众的基本生活，以及恢复重建工作的顺利进行。

4.1 人力资源

公安（消防）、医疗卫生、地震救援、海上搜救、矿山救护、森林消防、防洪抢险、核与辐射、环境监控、危险化学品事故救援、铁路事故、民航事故、基础信息网络和重要信息系统事故处置，以及水、电、油、气等工程抢险救援队伍是应急救援的专业队伍和骨干力量。地方各级人民政府和有关部门、单位要加强应急救援队伍的业务培训和应急演练，建立联动协调机制，提高装备水平；动员社会团体、企事业单位以及志愿者等各种社会力量参与应急救援工作；增进国际间的交流与合作。要加强以乡镇和社区为单位的公众应急能力建设，发挥其在应对突发公共事件中的重要作用。

中国人民解放军和中国人民武装警察部队是处置突发公共事件的骨干和突击力量，按照有关规定参加应急处置工作。

4.2 财力保障

要保证所需突发公共事件应急准备和救援工作资金。对受突发公共事件影响较大的行业、企事业单位和个人要及时研究提出相应的补偿或救助政策。要对突发公共事件财政应急保障资金的使用和效果进行监管和评估。

鼓励自然人、法人或者其他组织（包括国际组织）按照《中华人民共和国公益事业捐赠法》等有关法律、法规的规定进行捐赠和援助。

4.3 物资保障

要建立健全应急物资监测网络、预警体系和应急物资生产、储备、调拨及紧急配送体系，完善应急工作程序，确保应急所需物资和生活用品的及时供应，并加强对物资储备的监督管理，及时予以补充和更新。

地方各级人民政府应根据有关法律、法规和应急预案的规定，做好物资储备工作。

4.4 基本生活保障

要做好受灾群众的基本生活保障工作，确保灾区群众有饭吃、有水喝、有衣穿、有住处、有病能得到及时医治。

4.5 医疗卫生保障

卫生部门负责组建医疗卫生应急专业技术队伍，根据需要及时赴现场开展医疗救治、疾病预防控制等卫生应急工作。及时为受灾地区提供药品、器械等卫生和医疗设备。必要时，组织动员红十字会等社会卫生力量参与医疗卫生救助工作。

4.6 交通运输保障

要保证紧急情况下应急交通工具的优先安排、优先调度、优先放行，确保运输安全畅通；要依法建立紧急情况社会交通运输工具的征用程序，确保抢险救灾物资和人员能够及时、安全送达。

根据应急处置需要，对现场及相关通道实行交通管制，开设应急救援"绿色通道"，保证应急救援工作的顺利开展。

4.7 治安维护

要加强对重点地区、重点场所、重点人群、重要物资和设备的安全保护，依法严厉打击违法犯罪活动。必要时，依法采取有效管制措施，控制事态，维护社会秩序。

4.8 人员防护

要指定或建立与人口密度、城市规模相适应的应急避险场所，完善紧急疏散管理办法和程序，明确各级责任人，确保在紧急情况下公众安全、有序的转移或疏散。

要采取必要的防护措施，严格按照程序开展应急救援工作，确保人员安全。

4.9 通信保障

建立健全应急通信、应急广播电视保障工作体系，完善公用通信网，建立有线和无线相结合、基础电信网络与机动通信系统相配套的应急通信系统，确保通信畅通。

4.10 公共设施

有关部门要按照职责分工，分别负责煤、电、油、气、水的供给，以及废水、废气、固体废弃物等有害物质的监测和处理。

4.11 科技支撑

要积极开展公共安全领域的科学研究；加大公共安全监测、预测、预警、预防和应急处置技术研发的投入，不断改进技术装备，建立健全公共安全应急技术平台，提高我国公共安全科技水平；注意发挥企业在公共安全领域的研发作用。

5　监督管理

5.1　预案演练

各地区、各部门要结合实际，有计划、有重点地组织有关部门对相关预案进行演练。

5.2　宣传和培训

宣传、教育、文化、广电、新闻出版等有关部门要通过图书、报刊、音像制品和电子出版物、广播、电视、网络等，广泛宣传应急法律法规和预防、避险、自救、互救、减灾等常识，增强公众的忧患意识、社会责任意识和自救、互救能力。各有关方面要有计划地对应急救援和管理人员进行培训，提高其专业技能。

5.3　责任与奖惩

突发公共事件应急处置工作实行责任追究制。

对突发公共事件应急管理工作中做出突出贡献的先进集体和个人要给予表彰和奖励。

对迟报、谎报、瞒报和漏报突发公共事件重要情况或者应急管理工作中有其他失职、渎职行为的，依法对有关责任人给予行政处分；构成犯罪的，依法追究刑事责任。

6　附　　则

6.1　预案管理

根据实际情况的变化，及时修订本预案。

本预案自发布之日起实施。

突发公共卫生事件应急条例

1. 2003年5月9日国务院令第376号公布
2. 根据2011年1月8日国务院令第588号《关于废止和修改部分行政法规的决定》修订

第一章 总 则

第一条 为了有效预防、及时控制和消除突发公共卫生事件的危害，保障公众身体健康与生命安全，维护正常的社会秩序，制定本条例。

第二条 本条例所称突发公共卫生事件（以下简称突发事件），是指突然发生，造成或者可能造成社会公众健康严重损害的重大传染病疫情、群体性不明原因疾病、重大食物和职业中毒以及其他严重影响公众健康的事件。

第三条 突发事件发生后，国务院设立全国突发事件应急处理指挥部，由国务院有关部门和军队有关部门组成，国务院主管领导人担任总指挥，负责对全国突发事件应急处理的统一领导、统一指挥。

国务院卫生行政主管部门和其他有关部门，在各自的职责范围内做好突发事件应急处理的有关工作。

第四条 突发事件发生后，省、自治区、直辖市人民政府成立地方突发事件应急处理指挥部，省、自治区、直辖市人民政府主要领导人担任总指挥，负责领导、指挥本行政区域内突发事件应急处理工作。

县级以上地方人民政府卫生行政主管部门，具体负责组织突发事件的调查、控制和医疗救治工作。

县级以上地方人民政府有关部门，在各自的职责范围内做好突发事件应急处理的有关工作。

第五条 突发事件应急工作，应当遵循预防为主、常备不懈的方针，贯彻统一领导、分级负责、反应及时、措施果断、依靠科学、加强合作的原则。

第六条 县级以上各级人民政府应当组织开展防治突发事件相关科学研究，建立突发事件应急流行病学调查、传染源隔离、医疗救护、现场处置、监督检查、监测检验、卫生防护等有关物资、设备、设施、技术与人才资源储备，所需经费列入本级政府财政预算。

国家对边远贫困地区突发事件应急工作给予财政支持。

第七条 国家鼓励、支持开展突发事件监测、预警、反应处理有关技术的国际交流与合作。

第八条 国务院有关部门和县级以上地方人民政府及其有关部门，应当建立严格的突发事件防范和应急处理责任制，切实履行各自的职责，保证突发事件应急处理工作的正常进行。

第九条 县级以上各级人民政府及其卫生行政主管部门，应当对参加突发事件应急处理的医疗卫生人员，给予适当补助和保健津贴；对参加突发事件应急处理作出贡献的人员，给予表彰和奖励；对因参与应急处理工作致病、致残、死亡的人员，按照国家有关规定，给予相应的补助和抚恤。

第二章 预防与应急准备

第十条 国务院卫生行政主管部门按照分类指导、快速反应的要求，制定全国突发事件应急预案，报请国务院批准。

省、自治区、直辖市人民政府根据全国突发事件应急预案，结合本地实际情况，制定本行政区域的突发事件应急预案。

第十一条 全国突发事件应急预案应当包括以下主要内容：

（一）突发事件应急处理指挥部的组成和相关部门的职责；

（二）突发事件的监测与预警；

（三）突发事件信息的收集、分析、报告、通报制度；

（四）突发事件应急处理技术和监测机构及其任务；

（五）突发事件的分级和应急处理工作方案；

（六）突发事件预防、现场控制，应急设施、设备、救治药品和医疗器械以及其他物资和技术的储备与调度；

（七）突发事件应急处理专业队伍的建设和培训。

第十二条 突发事件应急预案应当根据突发事件的变化和实施中发现的问题及时进行修订、补充。

第十三条 地方各级人民政府应当依照法律、行政法规的规定，做好传染病预防和其他公共卫生工作，防范突发事件的发生。

县级以上各级人民政府卫生行政主管部门和其他有关部门，应当对公众开展突发事件应急知识的专门教育，增强全社会对突发事件的防范意识和应对能力。

第十四条 国家建立统一的突发事件预防控制体系。

县级以上地方人民政府应当建立和完善突发事件监测与预警系统。

县级以上各级人民政府卫生行政主管部门，应当指定机构负责开展突发事件的日常监测，并确保监测与预警系统的正常运行。

第十五条 监测与预警工作应当根据突发事件的类别，制定监测计划，科学分析、综合评价监测数据。对早期发现的潜在隐患以及可能发生的突发事件，应当依照本条例规定的报告程序和时限及时报告。

第十六条 国务院有关部门和县级以上地方人民政府及其有关部门，应当根据突发事件应急预案的要求，保证应急设施、设备、救治药品和医疗器械等物资储备。

第十七条 县级以上各级人民政府应当加强急救医疗服务网络的建设，配备相应的医疗救治药物、技术、设备和人员，提高医疗卫生机构应对各类突发事件的救治能力。

设区的市级以上地方人民政府应当设置与传染病防治工作需要相适应的传染病专科医院，或者指定具备传染病防治条件和能力的医疗机构承担传染病防治任务。

第十八条 县级以上地方人民政府卫生行政主管部门，应当定期对医疗卫生机构和人员开展突发事件应急处理相关知识、技能的培训，定期组织医疗卫生机构进行突发事件应急演练，推广最新知识和先进技术。

第三章 报告与信息发布

第十九条 国家建立突发事件应急报告制度。

国务院卫生行政主管部门制定突发事件应急报告规范，建立重大、紧急疫情信息报告系统。

有下列情形之一的，省、自治区、直辖市人民政府应当在接到报告1小时内，向国务院卫生行政主管部门报告：

（一）发生或者可能发生传染病暴发、流行的；

（二）发生或者发现不明原因的群体性疾病的；

（三）发生传染病菌种、毒种丢失的；

（四）发生或者可能发生重大食物和职业中毒事件的。

国务院卫生行政主管部门对可能造成重大社会影响的突发事件，应当立即向国务院报告。

第二十条 突发事件监测机构、医疗卫生机构和有关单位发现有本条例第十九条规定情形之一的，应当在2小时内向所在地县级人民政府卫生行政主管部门报告；接到报告的卫生行政主管部门应当在2小时内向本级人民政府报告，并同时向上级人民政府卫生行政主管部门和国务院卫生行政主管部门报告。

县级人民政府应当在接到报告后2小时内向设区的市级人民政府或者上一级人民政府报告；设区的市级人民政府应当在接到报告后2小时内向

省、自治区、直辖市人民政府报告。

第二十一条 任何单位和个人对突发事件，不得隐瞒、缓报、谎报或者授意他人隐瞒、缓报、谎报。

第二十二条 接到报告的地方人民政府、卫生行政主管部门依照本条例规定报告的同时，应当立即组织力量对报告事项调查核实、确证，采取必要的控制措施，并及时报告调查情况。

第二十三条 国务院卫生行政主管部门应当根据发生突发事件的情况，及时向国务院有关部门和各省、自治区、直辖市人民政府卫生行政主管部门以及军队有关部门通报。

突发事件发生地的省、自治区、直辖市人民政府卫生行政主管部门，应当及时向毗邻省、自治区、直辖市人民政府卫生行政主管部门通报。

接到通报的省、自治区、直辖市人民政府卫生行政主管部门，必要时应当及时通知本行政区域内的医疗卫生机构。

县级以上地方人民政府有关部门，已经发生或者发现可能引起突发事件的情形时，应当及时向同级人民政府卫生行政主管部门通报。

第二十四条 国家建立突发事件举报制度，公布统一的突发事件报告、举报电话。

任何单位和个人有权向人民政府及其有关部门报告突发事件隐患，有权向上级人民政府及其有关部门举报地方人民政府及其有关部门不履行突发事件应急处理职责，或者不按照规定履行职责的情况。接到报告、举报的有关人民政府及其有关部门，应当立即组织对突发事件隐患、不履行或者不按照规定履行突发事件应急处理职责的情况进行调查处理。

对举报突发事件有功的单位和个人，县级以上各级人民政府及其有关部门应当予以奖励。

第二十五条 国家建立突发事件的信息发布制度。

国务院卫生行政主管部门负责向社会发布突发事件的信息。必要时，可以授权省、自治区、直辖市人民政府卫生行政主管部门向社会发布本行政区域内突发事件的信息。

信息发布应当及时、准确、全面。

第四章 应急处理

第二十六条 突发事件发生后,卫生行政主管部门应当组织专家对突发事件进行综合评估,初步判断突发事件的类型,提出是否启动突发事件应急预案的建议。

第二十七条 在全国范围内或者跨省、自治区、直辖市范围内启动全国突发事件应急预案,由国务院卫生行政主管部门报国务院批准后实施。省、自治区、直辖市启动突发事件应急预案,由省、自治区、直辖市人民政府决定,并向国务院报告。

第二十八条 全国突发事件应急处理指挥部对突发事件应急处理工作进行督察和指导,地方各级人民政府及其有关部门应当予以配合。

省、自治区、直辖市突发事件应急处理指挥部对本行政区域内突发事件应急处理工作进行督察和指导。

第二十九条 省级以上人民政府卫生行政主管部门或者其他有关部门指定的突发事件应急处理专业技术机构,负责突发事件的技术调查、确证、处置、控制和评价工作。

第三十条 国务院卫生行政主管部门对新发现的突发传染病,根据危害程度、流行强度,依照《中华人民共和国传染病防治法》的规定及时宣布为法定传染病;宣布为甲类传染病的,由国务院决定。

第三十一条 应急预案启动前,县级以上各级人民政府有关部门应当根据突发事件的实际情况,做好应急处理准备,采取必要的应急措施。

应急预案启动后,突发事件发生地的人民政府有关部门,应当根据预案规定的职责要求,服从突发事件应急处理指挥部的统一指挥,立即到达规定岗位,采取有关的控制措施。

医疗卫生机构、监测机构和科学研究机构,应当服从突发事件应急处理指挥部的统一指挥，相互配合、协作，集中力量开展相关的科学研究工作。

第三十二条 突发事件发生后，国务院有关部门和县级以上地方人民政府及其有关部门，应当保证突发事件应急处理所需的医疗救护设备、救治药品、医疗器械等物资的生产、供应；铁路、交通、民用航空行政主管部门应当保证及时运送。

第三十三条 根据突发事件应急处理的需要，突发事件应急处理指挥部有权紧急调集人员、储备的物资、交通工具以及相关设施、设备；必要时，对人员进行疏散或者隔离，并可以依法对传染病疫区实行封锁。

第三十四条 突发事件应急处理指挥部根据突发事件应急处理的需要，可以对食物和水源采取控制措施。

县级以上地方人民政府卫生行政主管部门应当对突发事件现场等采取控制措施，宣传突发事件防治知识，及时对易受感染的人群和其他易受损害的人群采取应急接种、预防性投药、群体防护等措施。

第三十五条 参加突发事件应急处理的工作人员，应当按照预案的规定，采取卫生防护措施，并在专业人员的指导下进行工作。

第三十六条 国务院卫生行政主管部门或者其他有关部门指定的专业技术机构，有权进入突发事件现场进行调查、采样、技术分析和检验，对地方突发事件的应急处理工作进行技术指导，有关单位和个人应当予以配合；任何单位和个人不得以任何理由予以拒绝。

第三十七条 对新发现的突发传染病、不明原因的群体性疾病、重大食物和职业中毒事件，国务院卫生行政主管部门应当尽快组织力量制定相关的技术标准、规范和控制措施。

第三十八条 交通工具上发现根据国务院卫生行政主管部门的规定需要采取应急控制措施的传染病病人、疑似传染病病人，其负责人应当以最快的方式通知前方停靠点，并向交通工具的营运单位报告。交通工具的前方停靠点和营运单位应当立即向交通工具营运单位行政主管部门和县级以上地方人民政府卫生行政主管部门报告。卫生行政主管部门接到报告后，应当立即组织有关人员采取相应的医学处置措施。

交通工具上的传染病病人密切接触者，由交通工具停靠点的县级以上各级人民政府卫生行政主管部门或者铁路、交通、民用航空行政主管部门，根据各自的职责，依照传染病防治法律、行政法规的规定，采取控制措施。

涉及国境口岸和入出境的人员、交通工具、货物、集装箱、行李、邮包等需要采取传染病应急控制措施的，依照国境卫生检疫法律、行政法规的规定办理。

第三十九条　医疗卫生机构应当对因突发事件致病的人员提供医疗救护和现场救援，对就诊病人必须接诊治疗，并书写详细、完整的病历记录；对需要转送的病人，应当按照规定将病人及其病历记录的复印件转送至接诊的或者指定的医疗机构。

医疗卫生机构内应当采取卫生防护措施，防止交叉感染和污染。

医疗卫生机构应当对传染病病人密切接触者采取医学观察措施，传染病病人密切接触者应当予以配合。

医疗机构收治传染病病人、疑似传染病病人，应当依法报告所在地的疾病预防控制机构。接到报告的疾病预防控制机构应当立即对可能受到危害的人员进行调查，根据需要采取必要的控制措施。

第四十条　传染病暴发、流行时，街道、乡镇以及居民委员会、村民委员会应当组织力量，团结协作，群防群治，协助卫生行政主管部门和其他有关部门、医疗卫生机构做好疫情信息的收集和报告、人员的分散隔离、公共卫生措施的落实工作，向居民、村民宣传传染病防治的相关知识。

第四十一条　对传染病暴发、流行区域内流动人口，突发事件发生地的县级以上地方人民政府应当做好预防工作，落实有关卫生控制措施；对传染病病人和疑似传染病病人，应当采取就地隔离、就地观察、就地治疗的措施。对需要治疗和转诊的，应当依照本条例第三十九条第一款的规定执行。

第四十二条　有关部门、医疗卫生机构应当对传染病做到早发现、早报告、早隔离、早治疗，切断传播途径，防止扩散。

第四十三条　县级以上各级人民政府应当提供必要资金，保障因突发事件致病、致残的人员得到及时、有效的救治。具体办法由国务院财政部门、卫生行政主管部门和劳动保障行政主管部门制定。

第四十四条　在突发事件中需要接受隔离治疗、医学观察措施的病人、疑似病人和传染病病人密切接触者在卫生行政主管部门或者有关机构采取医学措施时应当予以配合；拒绝配合的，由公安机关依法协助强制执行。

第五章　法 律 责 任

第四十五条　县级以上地方人民政府及其卫生行政主管部门未依照本条例的规定履行报告职责，对突发事件隐瞒、缓报、谎报或者授意他人隐瞒、缓报、谎报的，对政府主要领导人及其卫生行政主管部门主要负责人，依法给予降级或者撤职的行政处分；造成传染病传播、流行或者对社会公众健康造成其他严重危害后果的，依法给予开除的行政处分；构成犯罪的，依法追究刑事责任。

第四十六条　国务院有关部门、县级以上地方人民政府及其有关部门未依照本条例的规定，完成突发事件应急处理所需要的设施、设备、药品和医疗器械等物资的生产、供应、运输和储备的，对政府主要领导人和政府部门主要负责人依法给予降级或者撤职的行政处分；造成传染病传播、流行或者对社会公众健康造成其他严重危害后果的，依法给予开除的行政处分；构成犯罪的，依法追究刑事责任。

第四十七条　突发事件发生后，县级以上地方人民政府及其有关部门对上级人民政府有关部门的调查不予配合，或者采取其他方式阻碍、干涉调查的，对政府主要领导人和政府部门主要负责人依法给予降级或者撤职的行政处分；构成犯罪的，依法追究刑事责任。

第四十八条　县级以上各级人民政府卫生行政主管部门和其他有关部

门在突发事件调查、控制、医疗救治工作中玩忽职守、失职、渎职的，由本级人民政府或者上级人民政府有关部门责令改正、通报批评、给予警告；对主要负责人、负有责任的主管人员和其他责任人员依法给予降级、撤职的行政处分；造成传染病传播、流行或者对社会公众健康造成其他严重危害后果的，依法给予开除的行政处分；构成犯罪的，依法追究刑事责任。

第四十九条 县级以上各级人民政府有关部门拒不履行应急处理职责的，由同级人民政府或者上级人民政府有关部门责令改正、通报批评、给予警告；对主要负责人、负有责任的主管人员和其他责任人员依法给予降级、撤职的行政处分；造成传染病传播、流行或者对社会公众健康造成其他严重危害后果的，依法给予开除的行政处分；构成犯罪的，依法追究刑事责任。

第五十条 医疗卫生机构有下列行为之一的，由卫生行政主管部门责令改正、通报批评、给予警告；情节严重的，吊销《医疗机构执业许可证》；对主要负责人、负有责任的主管人员和其他直接责任人员依法给予降级或者撤职的纪律处分；造成传染病传播、流行或者对社会公众健康造成其他严重危害后果，构成犯罪的，依法追究刑事责任：

（一）未依照本条例的规定履行报告职责，隐瞒、缓报或者谎报的；

（二）未依照本条例的规定及时采取控制措施的；

（三）未依照本条例的规定履行突发事件监测职责的；

（四）拒绝接诊病人的；

（五）拒不服从突发事件应急处理指挥部调度的。

第五十一条 在突发事件应急处理工作中，有关单位和个人未依照本条例的规定履行报告职责，隐瞒、缓报或者谎报，阻碍突发事件应急处理工作人员执行职务，拒绝国务院卫生行政主管部门或者其他有关部门指定的专业技术机构进入突发事件现场，或者不配合调查、采样、技术分析和检验的，对有关责任人员依法给予行政处分或者纪律处分；触犯《中华人民共和国治安管理处罚法》，构成违反治安管理行为的，由公安机关依法予以处罚；构成犯罪的，依法追究刑事责任。

第五十二条 在突发事件发生期间，散布谣言、哄抬物价、欺骗消费者，扰乱社会秩序、市场秩序的，由公安机关或者工商行政管理部门依法给予行政处罚；构成犯罪的，依法追究刑事责任。

第六章 附 则

第五十三条 中国人民解放军、武装警察部队医疗卫生机构参与突发事件应急处理的，依照本条例的规定和军队的相关规定执行。

第五十四条 本条例自公布之日起施行。